# 히라가나 가타카나
# 쓰기노트

다락원 편집부 편

다락원

이 책은 일본어와 처음 마주하더라도 혼자서도 충분히 히라가나, 가타카나를 어려움 없이 즐기며 익힐 수 있습니다. 다락원 홈페이지(www.darakwon.co.kr)에서 무료로 제공되는 MP3 음원으로 정확한 발음도 같이 익혀주세요.

각 행을 다시 쓰면서 행 별로 외울 수 있습니다.

히라가나 가타카나의 올바른 획순을 익힐 수 있습니다.

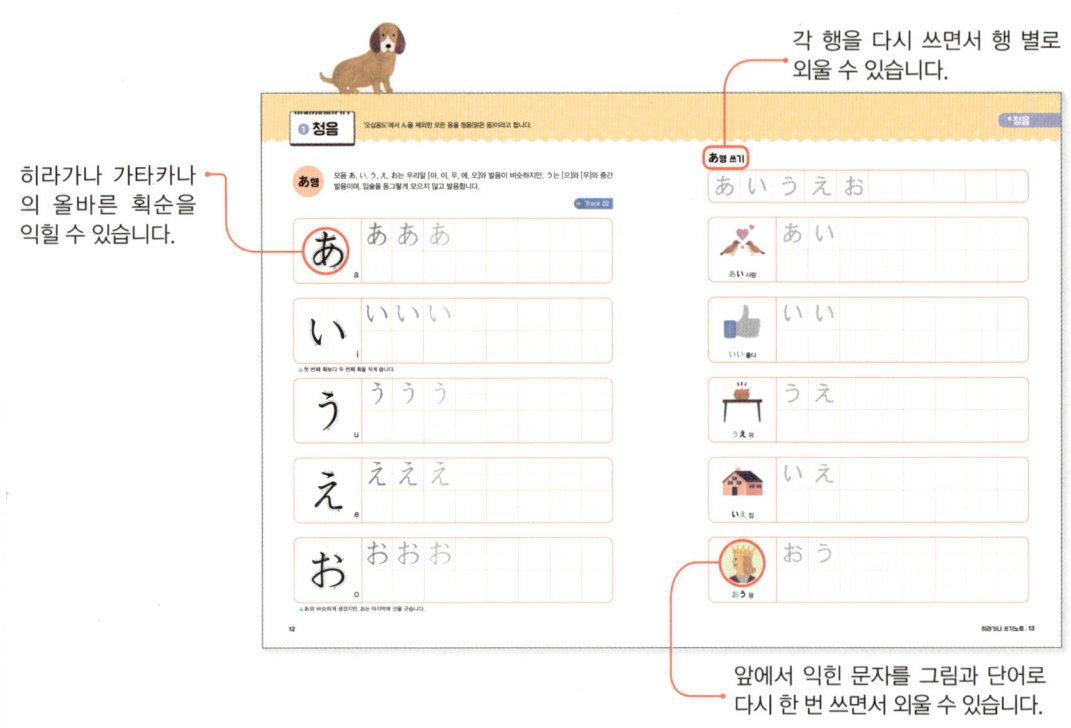

앞에서 익힌 문자를 그림과 단어로 다시 한 번 쓰면서 외울 수 있습니다.

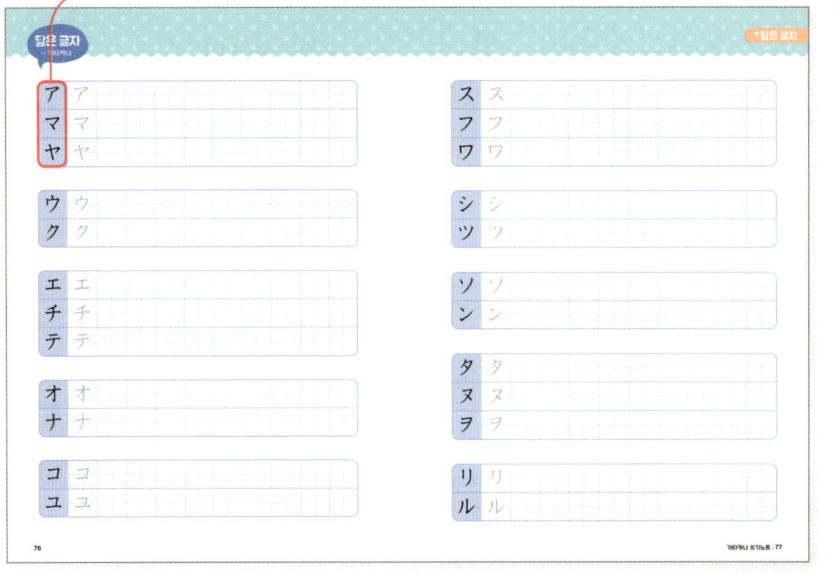

혼동하기 쉬운 히라가나와 가타카나를 모아 서로 비교하며 학습할 수 있습니다.

풍부한 확인문제를 통해 학습한 내용을 다시 한 번 확인할 수 있습니다.

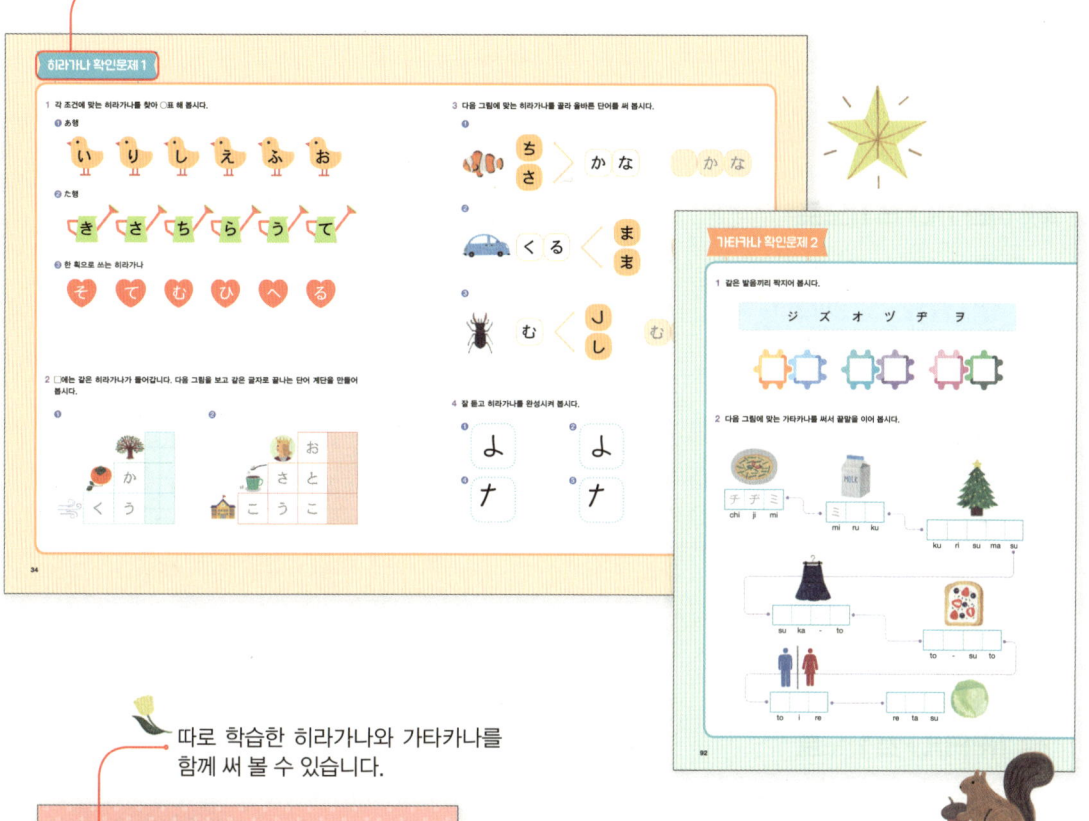

따로 학습한 히라가나와 가타카나를
함께 써 볼 수 있습니다.

가장 기본이 되는 표현을 쓰면서 익힐 수
있습니다.

# 목차

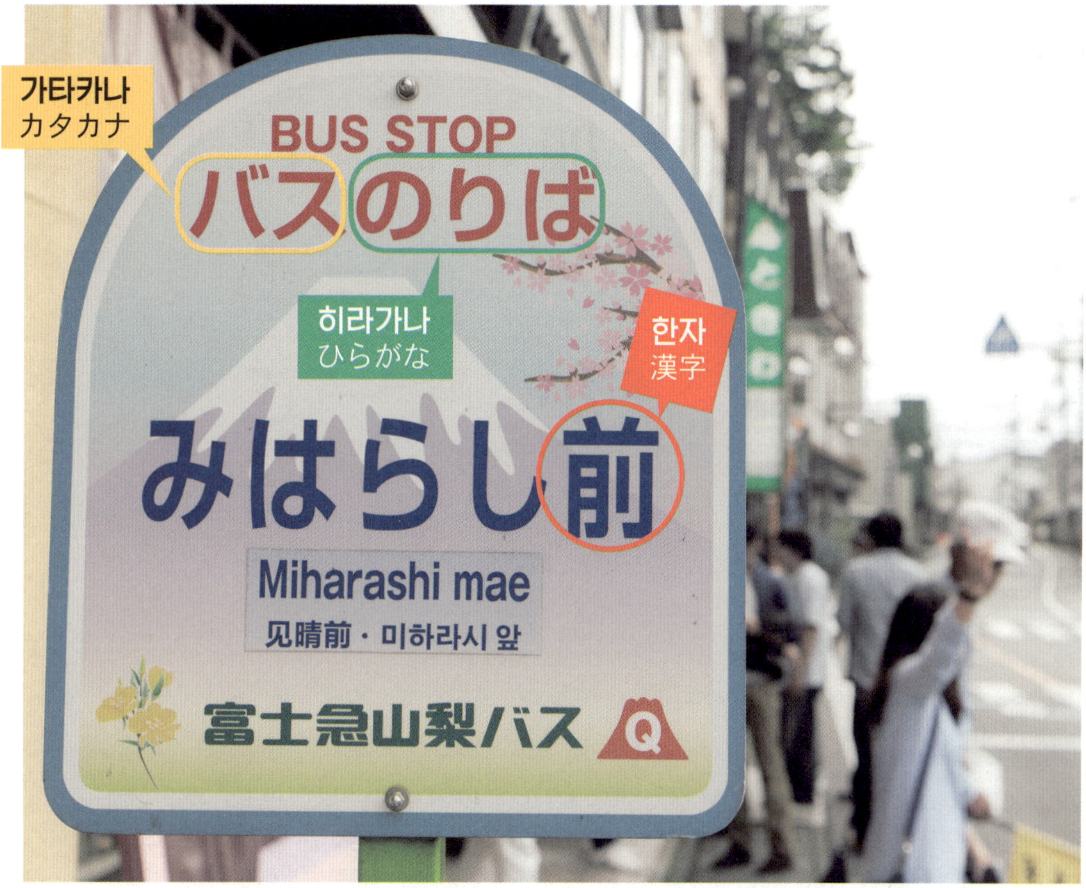

**가타카나**
カタカナ

BUS STOP
**バス**の**りば**

**히라가나**
ひらがな

**한자**
漢字

**みはらし前**

Miharashi mae
見晴前・미하라시 앞

富士急山梨バス Q

일본어는  처럼 곡선으로 생긴 **히라가나** 와

**バス** 처럼 각진 **가타카나**

그리고 **한자**를 기본 글자로 사용합니다.

## 히라가나

히라가나는 한자 초서체를 간단하게 곡선으로 만든 문자로, 일본어 문장의 약 70% 정도를 차지하는 가장 기본이 되는 문자입니다.

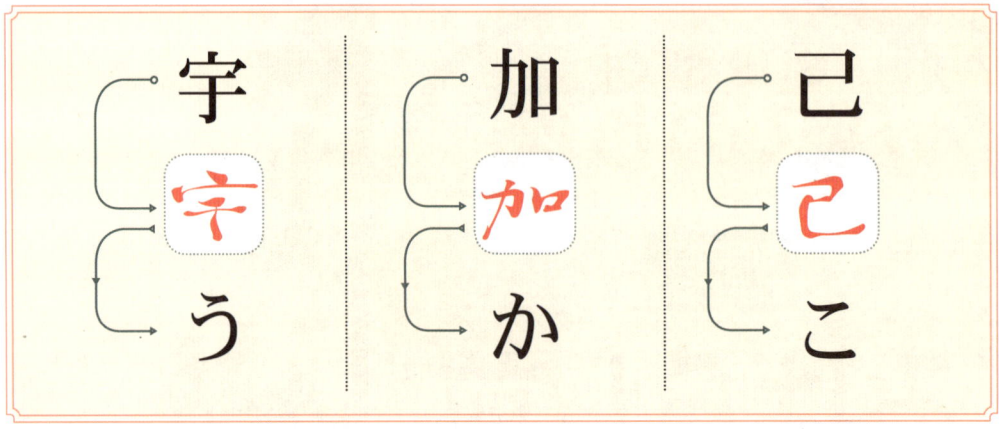

## 가타카나

가타카나는 한자의 한 부분을 가지고 와서 만든 직선으로 생긴 딱딱한 문자입니다. 주로 외래어, 의성어, 의태어, 의미를 강조할 때 쓰입니다. 가타카나 덕분에 일본어는 다른 언어보다 고유어와 외래어 구분이 쉽습니다. '우리'와 '남'을 명확하게 구분하는 일본인의 정신이 언어에도 나타나 있는 것입니다.

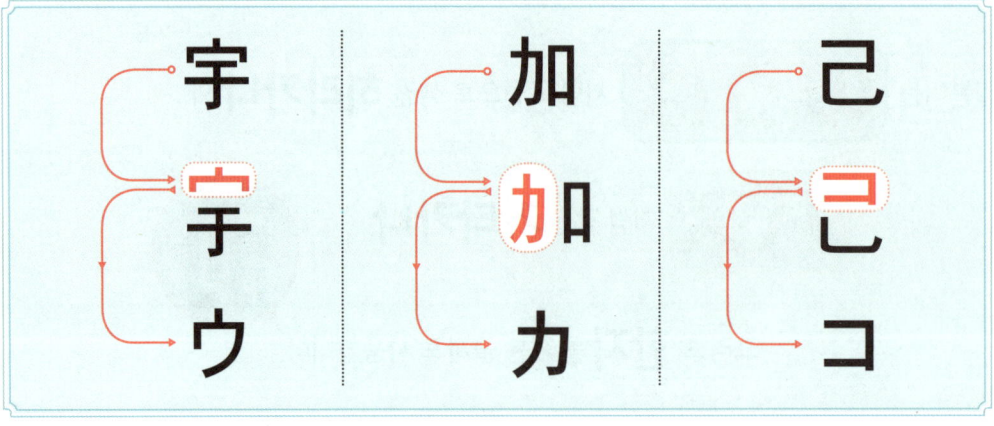

# 1
# 히라가나 쓰기노트

# 히라가나 오십음도

일본어 가나를 5자(단), 10자(행)씩 줄 세워 놓은 표를 '오십음도'라고 합니다.
단순히 계산하면 50개가 되어 '오십음도'라고 하지만, 현재는 쓰이지 않는 글자도
있어 '오십음도'의 정확한 개수는 총 46음입니다.

|  | あ행 | か행 | さ행 | た행 | な행 |
|---|---|---|---|---|---|
|  | あ a | か ka | さ sa | た ta | な na |
| あ단 | あい 사랑 | かき 감 | かさ 우산 | した 아래 | さかな 물고기 |
|  | い i | き ki | し shi | ち chi | に ni |
| い단 | いい 좋다 | き 나무 | しお 소금 | ち 피 | にく 고기 |
|  | う u | く ku | す su | つ tsu | ぬ nu |
| う단 | うえ 위 | くうき 공기 | すいか 수박 | つき 달 | いぬ 개 |
|  | え e | け ke | せ se | て te | ね ne |
| え단 | いえ 집 | け 털 | せかい 세계 | て 손 | ねこ 고양이 |
|  | お o | こ ko | そ so | と to | の no |
| お단 | おう 왕 | こうこう 고등학교 | うそ 거짓말 | さとう 설탕 | のう 뇌 |

10

| は행 | ま행 | や행 | ら행 | わ행 |
|---|---|---|---|---|
| は ha | ま ma | や ya | ら ra | わ wa |

| はな 꽃 | まめ 콩 | やま 산 | さくら 벚꽃 | わたし 나 |
|---|---|---|---|---|
| ひ hi | み mi | | り ri | |

| ひ 불 | みみ 귀 | | りす 다람쥐 | |
|---|---|---|---|---|
| ふ fu | む mu | ゆ yu | る ru | を o |

| とうふ 두부 | むし 벌레 | ゆき 눈 | くるま 자동차 | ほんを よむ 책을 읽다 |
|---|---|---|---|---|
| へ he | め me | | れ re | |

| へそ 배꼽 | あめ 사탕 | | ゆうれい 유령 | |
|---|---|---|---|---|
| ほ ho | も mo | よ yo | ろ ro | ん n |

| ほし 별 | もも 복숭아 | ひよこ 병아리 | きいろ 노랑 | みかん 귤 |
|---|---|---|---|---|

**あ행**  모음 あ, い, う, え, お는 우리말 [아, 이, 우, 에, 우]와 발음이 비슷하지만 う는 「으」와 「우」의 중간 발음이며, 입술을 동그랗게 모으지 않고 발음합니다.

🔊 Track 02

▲ 첫 번째 획보다 두 번째 획을 작게 씁니다.

▲ あ와 비슷하게 생겼지만, お는 마지막에 선을 긋습니다.

## あ행 쓰기

| あ | い | う | え | お | | | | | |

あい
**あい** 사랑

いい
**いい** 좋다

うえ
**うえ** 위

いえ
**いえ** 집

おう
**おう** 왕

**か행**

우리말 [카, 키, 쿠, 케, 코]를 조금 약하게 발음하면 되는데, か행의 음이 단어의 첫머리에 올 때는 [ㄱ]과 [ㅋ]의 중간 발음이고, 단어의 중간이나 끝에 올 때는 [ㄲ]에 가깝습니다. く는 입술을 동그랗게 모으지 않고 발음합니다.

🔊 Track 03

| か | か か か | | | | | | |
|---|---|---|---|---|---|---|---|
| ka | | | | | | | |

⚠ 마지막에 선을 긋는 걸 잊지 마세요.

| き | き き き | | | | | | |
|---|---|---|---|---|---|---|---|
| ki | | | | | | | |

| く | く く く | | | | | | |
|---|---|---|---|---|---|---|---|
| ku | | | | | | | |

| け | け け け | | | | | | |
|---|---|---|---|---|---|---|---|
| ke | | | | | | | |

| こ | こ こ こ | | | | | | |
|---|---|---|---|---|---|---|---|
| ko | | | | | | | |

⚠ 첫 번째 획을 두 번째 획보다 짧게 씁니다.

## か행 쓰기

| か | き | く | け | こ |

**かき** 감
かき

**き** 나무
き

**くうき** 공기
くうき

**け** 털
け

**こうこう** 고등학교
こうこう

**さ행** 우리말 [사, 시, 스, 세, 소]와 비슷하게 발음하되, し는 영어의 [she]와 비슷한 음이며, す는 입술을 동그랗게 모으지 않고 [스]에 가깝게 발음합니다.

Track 04

| さ sa | さ さ さ | | | | | | |

| し shi | し し し | | | | | | |

| す su | す す す | | | | | | |

| せ se | せ せ せ | | | | | | |

| そ so | そ そ そ | | | | | | |

⚠ 떼지 말고 한 번에 씁니다.

## さ행 쓰기

さ し す せ そ

かさ
**か**さ 우산

しお
**し**お 소금

すいか
**す**いか 수박

せかい
**せ**かい 세계

うそ
**う**そ 거짓말

우리말 [타, 치, 츠, 테, 토]로 발음하면 되는데, 단어 첫머리에 올 때는 [ㄷ]과 [ㅌ]의 중간 발음이고, 단어의 중간이나 끝에 올 때는 [ㄸ]에 가까운 발음입니다. つ는 [츠]와 [쯔]의 중간 발음이며, 영어의 [it's me]라고 할 때의 [t's]와 발음이 비슷합니다.

🔊 Track 05

⚠ 세, 네 번째 획은 こ처럼 씁니다.

⚠ さ와 혼동하지 않도록 합니다.

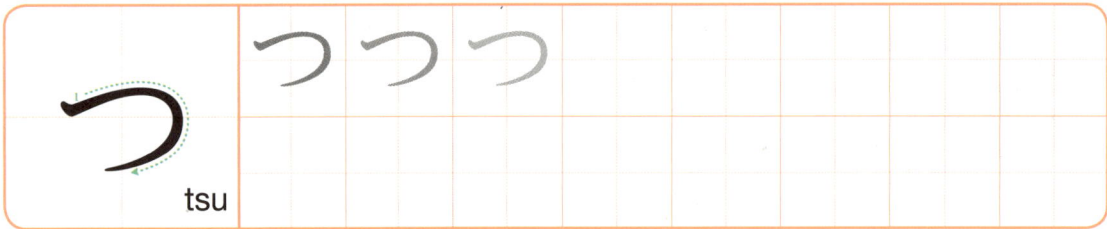

⚠ 떼지 말고 한 번에 씁니다.

## た행 쓰기

| た | ち | つ | て | と | | | | | |

**した** 아래
した

**ち** 피
ち

**つき** 달
つき

**て** 손
て

**さとう** 설탕
さ と う

**な행**  우리말 [나, 니, 누, 네, 노]로 발음하면 됩니다. ぬ는 입술을 동그랗게 모으지 않고 발음합니다.

🔊 Track 06

| な | な | な | な | | | |
|---|---|---|---|---|---|---|
| **na** | | | | | | |

| に | に | に | に | | | |
|---|---|---|---|---|---|---|
| **ni** | | | | | | |

▲ 두, 세 번째 획은 こ처럼 씁니다.

| ぬ | ぬ | ぬ | ぬ | | | |
|---|---|---|---|---|---|---|
| **nu** | | | | | | |

▲ め와 혼동하지 않도록 합니다.

| ね | ね | ね | ね | | | |
|---|---|---|---|---|---|---|
| **ne** | | | | | | |

▲ れ와 혼동하지 않도록 합니다.

| の | の | の | の | | | |
|---|---|---|---|---|---|---|
| **no** | | | | | | |

**な행 쓰기**

| な | に | ぬ | ね | の | | | | | | | |

さかな
**さかな** 물고기

にく
**にく** 고기

いぬ
**いぬ** 개

ねこ
**ねこ** 고양이

のう
**のう** 뇌

우리말 [하, 히, 후, 헤, 호]와 발음이 비슷합니다. ふ는 [흐]와 [후]의 중간 발음이며, 입술을 동그랗게 모으지 않고 발음합니다.

Track 07

| は ha | は は は | | | | | |
|---|---|---|---|---|---|---|

| ひ hi | ひ ひ ひ | | | | | |
|---|---|---|---|---|---|---|

| ふ fu | ふ ふ ふ | | | | | |
|---|---|---|---|---|---|---|

| へ he | へ へ へ | | | | | |
|---|---|---|---|---|---|---|

| ほ ho | ほ ほ ほ | | | | | |
|---|---|---|---|---|---|---|

⚠ は와 혼동하지 않도록 합니다. 마지막 획이 두 번째 획 위로 올라오지 않도록 씁니다.

## は행 쓰기

は ひ ふ へ ほ

はな

**はな** 꽃

ひ

**ひ** 불

とうふ

**とうふ** 두부

へそ

**へそ** 배꼽

ほし

**ほし** 별

**ま행** 우리말 [마, 미, 무, 메, 모]와 발음이 비슷합니다. む는 입술을 동그랗게 모으지 않고 발음합니다.

Track 08

⚠ は처럼 세 번째 획이 첫 번째 획 위로 올라갑니다.

⚠ ぬ와 비슷하게 생겼지만 마지막 획을 꼬지 않습니다.

⚠ し모양을 먼저 쓰고, こ모양을 씁니다. 획순에 주의합니다.

**ま행 쓰기**

| ま | み | む | め | も | | | | | |
|---|---|---|---|---|---|---|---|---|---|

**まめ** 콩 → まめ

**みみ** 귀 → みみ

**むし** 벌레 → むし

**あめ** 사탕 → あめ

**もも** 복숭아 → もも

や행은 や, ゆ, よ 세 개뿐이고, 이를 반모음이라고 합니다. 우리말 [야, 유, 요]와 발음이 비슷하며, ゆ는 입술을 동그랗게 모으지 않고 발음합니다.

◀》 Track 09

⚠ 획순에 주의합니다.

## や행 쓰기

| や | ゆ | よ | | | | | | | |

**や ま** 산

ゆ き

**ゆ き** 눈

ひ よ こ

**ひ よ こ** 병아리

ら행　우리말 [라, 리, 루, 레, 로]와 발음이 비슷하고, 실제로는 혀끝으로 조금 팅기듯이 내는 소리입니다. る는 입술을 동그랗게 모으지 않고 발음합니다.

🔊 Track 10

ら
ra

⚠ う와 혼동하지 않도록 합니다.

り
ri

⚠ い가 되지 않도록 두 번째 획을 길게 씁니다.

る
ru

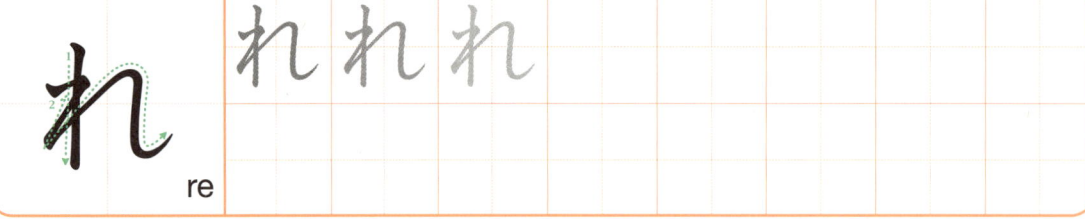

れ
re

⚠ ね와 혼동하지 않도록 합니다.

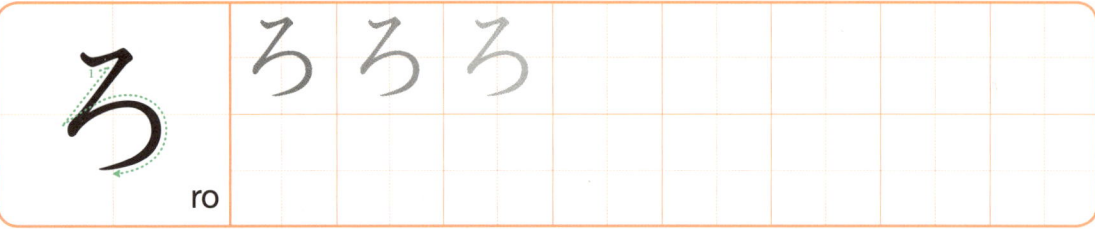

ろ
ro

⚠ る와 달리 끝 부분을 말지 않습니다.

## ら행 쓰기

| | ら | り | る | れ | ろ | | | | | |

**さくら** 벚꽃
さくら

**りす** 다람쥐
りす

**くるま** 자동차
くるま

**ゆうれい** 유령
ゆうれい

**きいろ** 노랑
きいろ

**わ행**  わ행에는 わ, を가 있고, 우리말 [와, 오]와 발음이 비슷합니다. を는 あ행의 お와 발음이 거의 같지만, 주로 목적격 조사(~을/를)로만 쓰이며 자세히 들어보면 [오]와 [워]의 중간 발음입니다. ん은 뒤에 오는 음에 따라 [ㄴ, ㅁ, ㅇ] 받침과 가깝게 발음합니다.

🔊 Track 11

| わ | わ わ わ | | | |
|---|---|---|---|---|
| wa | | | | |

⚠️ れ와 혼동하지 않도록 합니다.

| を | を を を | | | |
|---|---|---|---|---|
| o | | | | |

| ん | ん ん ん | | | |
|---|---|---|---|---|
| n | | | | |

⚠️ ん은 청음이 아닙니다.

## わ행 쓰기

| わ | を | ん | | | | | | |
|---|---|---|---|---|---|---|---|---|

**わたし** 나

わ　た　し

**ほんを　よむ** 책을 읽다

ほ　ん　を　よ　む

**みかん** 귤

み　か　ん

### 잠깐 체크

아래 사진에서 히라가나를 찾아 써 봅시다.

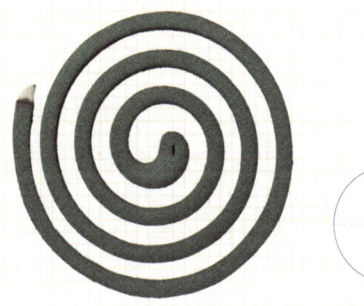

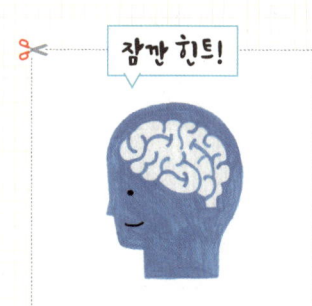

잠깐 힌트!

## 닮은 글자
– 히라가나

| | | |
|---|---|---|
| あ | あ | |
| お | お | |

| | | |
|---|---|---|
| い | い | |
| り | り | |

| | | |
|---|---|---|
| う | う | |
| ら | ら | |

| | | |
|---|---|---|
| え | え | |
| ふ | ふ | |

| | | |
|---|---|---|
| き | き | |
| さ | さ | |
| ち | ち | |

| | | |
|---|---|---|
| く | く | |
| へ | へ | |

| し | し | | | | | | | |
|---|---|---|---|---|---|---|---|---|
| も | も | | | | | | | |

| は | は | | | | | | | |
|---|---|---|---|---|---|---|---|---|
| ほ | ほ | | | | | | | |

| ぬ | ぬ | | | | | | | |
|---|---|---|---|---|---|---|---|---|
| め | め | | | | | | | |

| ね | ね | | | | | | | |
|---|---|---|---|---|---|---|---|---|
| れ | れ | | | | | | | |
| わ | わ | | | | | | | |

| た | た | | | | | | | |
|---|---|---|---|---|---|---|---|---|
| な | な | | | | | | | |

| る | る | | | | | | | |
|---|---|---|---|---|---|---|---|---|
| ろ | ろ | | | | | | | |

1 각 조건에 맞는 히라가나를 찾아 ○표 해 봅시다.

❶ あ행

❷ た행

❸ 한 획으로 쓰는 히라가나

2 □에는 같은 히라가나가 들어갑니다. 다음 그림을 보고 같은 글자로 끝나는 단어 계단을 만들어 봅시다.

❶

❷

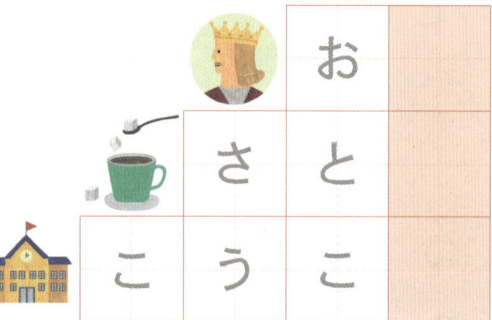

**3** 다음 그림에 맞는 히라가나를 골라 올바른 단어를 써 봅시다.

❶

❷

❸

**4** 잘 듣고 히라가나를 완성시켜 봅시다.　　　　

❶ よ　　　　❷ よ　　　　❸ よ

❹ ナ　　　　❺ ナ　　　　❻ ナ

## ② 탁음

か행(か, き, く, け, こ), さ행(さ, し, す, せ, そ), た행(た, ち, つ, て, と), は행(は, ひ, ふ, へ, ほ)의 글자 오른쪽 위에 탁점(゛)을 붙여서 맑은 소리를 콧소리(탁한 음)로 만드는 역할을 합니다.

 **が행** 우리말 [가, 기, 구, 게, 고]와 발음이 비슷한데, 앞에 짧게 [응]을 넣어서 발음하는 연습을 하면 좋습니다. ぐ는 입술을 동그랗게 모으지 않고 발음합니다.

🔊 Track 13

| が ga | かがみ 거울 | が | が | が | | |
|---|---|---|---|---|---|---|
| ぎ gi | かぎ 열쇠 | ぎ | ぎ | ぎ | | |
| ぐ gu | かぐ 가구 | ぐ | ぐ | ぐ | | |
| げ ge | ひげ 수염 | げ | げ | げ | | |
| ご go | いちご 딸기 | ご | ご | ご | | |

 **ざ행**  영어의 [z], 우리말 [자, 지, 즈, 제, 조]와 발음이 비슷하지만 정확하게는 다릅니다. 혀끝을 최대한 앞쪽 즉 잇몸 부근에 살짝 대고 발음해야 합니다. ず는 입술을 동그랗게 모으지 않고 발음합니다.

🔊 Track 14

| | | | | |
|---|---|---|---|---|
| **ざ** za | ひざ 무릎 | ざ ざ ざ | | |
| **じ** ji | にんじん 당근 | じ じ じ | | |
| **ず** zu | ちず 지도 | ず ず ず | | |
| **ぜ** ze | かぜ 바람 | ぜ ぜ ぜ | | |
| **ぞ** zo | かぞく 가족 | ぞ ぞ ぞ | | |

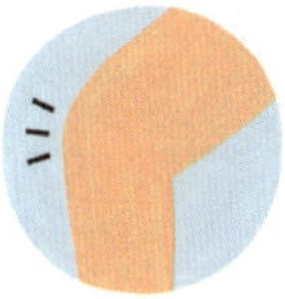

## だ행

だ, で, ど는 영어 [d]발음이며, ぢ, づ는 じ, ず와 발음이 비슷합니다. づ는 입술을 동그랗게 모으지 않고 [즈]에 가깝게 발음합니다.

Track 15

だ da — だいこん 무
だ だ だ

ぢ ji — はなぢ 코피
ぢ ぢ ぢ

づ zu — ひづけ 날짜
づ づ づ

で de — ゆでたまご 삶은 달걀
で で で

ど do — どんぐり 도토리
ど ど ど

 ば행　우리말 [바, 비, 부, 베, 보]와 발음이 비슷합니다. ぶ는 입술을 동그랗게 모으지 않고 발음합니다.

🔊 Track 16

| ば<br>ba | ばんざい 만세 | ば ば ば | | | |
|---|---|---|---|---|---|

| び<br>bi | びん 병 | び び び | | | |
|---|---|---|---|---|---|

| ぶ<br>bu | ぶどう 포도 | ぶ ぶ ぶ | | | |
|---|---|---|---|---|---|

| べ<br>be | べんとう 도시락 | べ べ べ | | | |
|---|---|---|---|---|---|

| ぼ<br>bo | さくらんぼ 버찌 | ぼ ぼ ぼ | | | |
|---|---|---|---|---|---|

 반탁음

は행(は, ひ, ふ, へ, ほ)의 글자 오른쪽에 반탁점(ﾟ)을 붙여서 내는 음으로, [ㅃ]과 [ㅍ]의 중간 발음입니다.

**ぱ행** 우리말 [파, 피, 푸, 페, 포]와 발음이 비슷한데, 단어 중간이나 단어 끝에 오면 [빠, 삐, 뿌, 뻬, 뽀]에 가깝게 발음합니다. ぷ는 입술을 동그랗게 모으지 않고 발음합니다.

🔊 Track 17

| ぱ pa | | ぱ ぱ ぱ | | | |
|---|---|---|---|---|---|
| | はっ**ぱ** 나뭇잎 | | | | |

| ぴ pi | | ぴ ぴ ぴ | | | |
|---|---|---|---|---|---|
| | えん**ぴ**つ 연필 | | | | |

| ぷ pu | | ぷ ぷ ぷ | | | |
|---|---|---|---|---|---|
| | てん**ぷ**ら 튀김 | | | | |

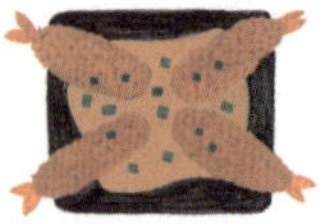

| ぺ pe | | ぺ ぺ ぺ | | | |
|---|---|---|---|---|---|
| | ほっ**ぺ**た 뺨 | | | | |

| ぽ po | | ぽ ぽ ぽ | | | |
|---|---|---|---|---|---|
| | たん**ぽぽ** 민들레 | | | | |

## ④ 요음

い를 제외한 い단 (き, ぎ, し, じ, ち, に, ひ, び, ぴ, み, り)의 오른쪽 아래에 작게 や, ゆ, よ를 붙여서 내는 소리이며, 한 박자로 발음합니다.

🔊 Track 18

| きゃ kya | きゃ | きゃ | きゃ | | | | |
|---|---|---|---|---|---|---|---|
| | | | | | | | |

| きゅ kyu | きゅ | きゅ | きゅ | | | | |
|---|---|---|---|---|---|---|---|
| | | | | | | | |

| きょ kyo | きょ | きょ | きょ | | | | |
|---|---|---|---|---|---|---|---|
| | | | | | | | |

| ぎゃ gya | ぎゃ | ぎゃ | ぎゃ | | | | |
|---|---|---|---|---|---|---|---|
| | | | | | | | |

| ぎゅ gyu | ぎゅ | ぎゅ | ぎゅ | | | | |
|---|---|---|---|---|---|---|---|
| | | | | | | | |

| ぎょ gyo | ぎょ | ぎょ | ぎょ | | | | |
|---|---|---|---|---|---|---|---|
| | | | | | | | |

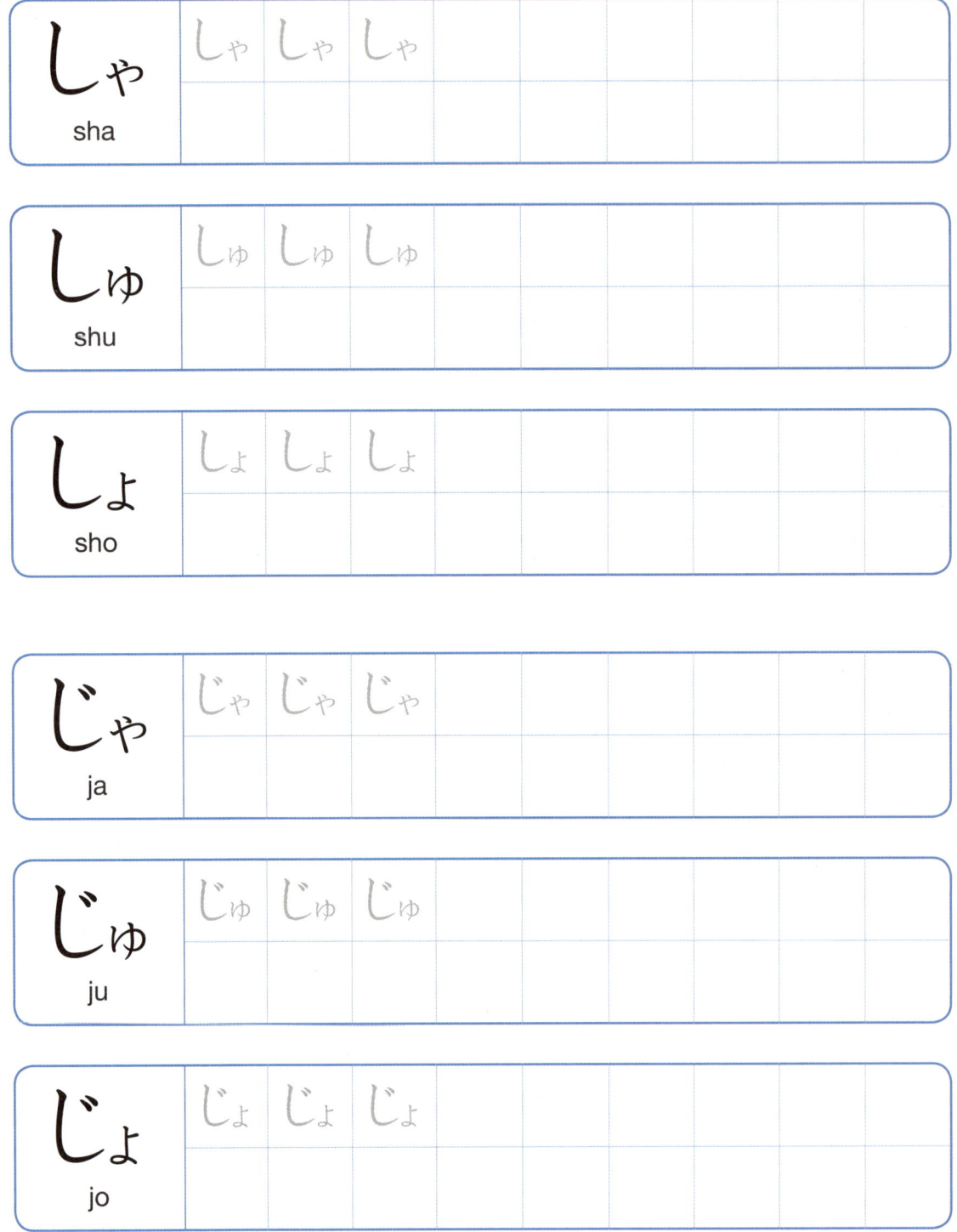

ちゃ
cha

| ちゃ | ちゃ | ちゃ | | | | | |
|---|---|---|---|---|---|---|---|
| | | | | | | | |

ちゅ
chu

| ちゅ | ちゅ | ちゅ | | | | | |
|---|---|---|---|---|---|---|---|
| | | | | | | | |

ちょ
cho

| ちょ | ちょ | ちょ | | | | | |
|---|---|---|---|---|---|---|---|
| | | | | | | | |

にゃ
nya

| にゃ | にゃ | にゃ | | | | | |
|---|---|---|---|---|---|---|---|
| | | | | | | | |

にゅ
nyu

| にゅ | にゅ | にゅ | | | | | |
|---|---|---|---|---|---|---|---|
| | | | | | | | |

にょ
nyo

| にょ | にょ | にょ | | | | | |
|---|---|---|---|---|---|---|---|
| | | | | | | | |

| ひゃ<br>hya | ひゃ | ひゃ | ひゃ | | | | |
| ひゅ<br>hyu | ひゅ | ひゅ | ひゅ | | | | |
| ひょ<br>hyo | ひょ | ひょ | ひょ | | | | |
| びゃ<br>bya | びゃ | びゃ | びゃ | | | | |
| びゅ<br>byu | びゅ | びゅ | びゅ | | | | |
| びょ<br>byo | びょ | びょ | びょ | | | | |

ぴゃ
pya

| ぴゃ | ぴゃ | ぴゃ | | | | | |

ぴゅ
pyu

| ぴゅ | ぴゅ | ぴゅ | | | | | |

ぴょ
pyo

| ぴょ | ぴょ | ぴょ | | | | | |

みゃ
mya

| みゃ | みゃ | みゃ | | | | | |

みゅ
myu

| みゅ | みゅ | みゅ | | | | | |

みょ
myo

| みょ | みょ | みょ | | | | | |

| りゃ<br>rya | りゃ | りゃ | りゃ | | | | |
|---|---|---|---|---|---|---|---|
| | | | | | | | |

| りゅ<br>ryu | りゅ | りゅ | りゅ | | | | |
|---|---|---|---|---|---|---|---|
| | | | | | | | |

| りょ<br>ryo | りょ | りょ | りょ | | | | |
|---|---|---|---|---|---|---|---|
| | | | | | | | |

**잠깐 체크**  🔊 Track 19

や, ゆ, よ가 작아져서 요음이 되면 뜻도 달라지고, 박자도 달라집니다.

**ひよう**
★ ★ ★
비용

**ひょう**
★ ★
표

**びよういん**
★ ★ ★ ★ ★
미용실

**びょういん**
★ ★ ★ ★
병원

**⑤ 촉음**

촉음은 우리말의 받침과 같은 역할을 하는 것으로 つ를 작게 써서 표기하며, 뒤에 오는 음에 따라 발음이 달라집니다. 단, 우리말의 받침과 달리 반드시 한 박자의 길이로 발음해야 합니다.

🔊 Track 20

| 발음 | っ 뒤에 오는 문자 | 예 |
|---|---|---|
| ㄱ(k) | か행 (か, き, く, け, こ) | せっけん 비누 |
| ㅅ(s) | さ행 (さ, し, す, せ, そ) | ざっし 잡지 |
| ㄷ(t) | た행 (た, ち, つ, て, と) | きって 우표 |
| ㅂ(p) | ぱ행 (ぱ, ぴ, ぷ, ぺ, ぽ) | ほっぺた 뺨 |

**잠깐 체크**

🔊 Track 21

つ가 작아져서 촉음이 되면 뜻도 달라지고, 박자도 달라집니다.

**さか**
★ ★
언덕

**さっか**
★ ★ ★
작가

**ねこ**
★ ★
고양이

**ねっこ**
★ ★ ★
뿌리

 **6 발음**

발음(撥音) ん도 촉음처럼 받침 역할을 하며, 뒤에 어떤 음이 오느냐에 따라 발음이 달라집니다. ん 역시 한 박자로 발음해야 합니다.

🔊 Track 22

| 발음 | ん뒤에 오는 문자 | 예 |
|---|---|---|
| ㅁ(m) | **ま**행 (ま, み, む, め, も)<br>**ば**행 (ば, び, ぶ, べ, ぼ)<br>**ぱ**행 (ぱ, ぴ, ぷ, ぺ, ぽ) | さくら**ん**ぼ 버찌 |
| ㄴ(n) | **さ**행 (さ, し, す, せ, そ)<br>**ざ**행 (ざ, じ, ず, ぜ, ぞ)<br>**た**행 (た, ち, つ, て, と)<br>**だ**행 (だ, ぢ, づ, で, ど)<br>**な**행 (な, に, ぬ, ね, の)<br>**ら**행 (ら, り, る, れ, ろ) | べ**ん**とう 도시락 |
| ○(ŋ) | **か**행 (か, き, く, け, こ)<br>**が**행 (が, ぎ, ぐ, げ, ご) | り**ん**ご 사과 |
| 콧소리(N) | **あ**행 (あ, い, う, え, お)<br>**は**행 (は, ひ, ふ, へ, ほ)<br>**や**행 (や, ゆ, よ)<br>**わ**행 (わ)<br>**ん**으로 끝날 때 | だいこ**ん** 무 |

# ⑦ 장음

같은 모음이 중복될 때, 앞 글자의 모음을 두 박자 길이로 길게 발음하는 것을 장음이라고 합니다.
히라가나는 あ, い, う, え, お로 표기하고, 발음의 길이에 따라 뜻이 달라지기도 합니다.

◄» Track 23

| 규칙 | 발음 | 예 |
|---|---|---|
| あ단 ⊕ あ | あ단을 길게 발음 | おばあさん 할머니 |
| い단 ⊕ い | い단을 길게 발음 | おじいさん 할아버지 |
| う단 ⊕ う | う단을 길게 발음 | ゆうれい 유령 |
| え단 ⊕ え, い | え단, い단을 길게 발음 | とけい 시계 |
| お단 ⊕ お, う | お단, う단을 길게 발음 | とうふ 두부 |

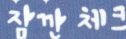 잠깐 체크

◄» Track 24

발음의 길이에 따라 뜻이 달라집니다.

**おじさん**
★ ★ ★ ★
아저씨

**おじいさん**
★ ★ ★ ★ ★
할아버지

**ここ**
★ ★
여기

**こうこう**
★ ★ ★ ★
고등학교

**1** 같은 발음끼리 짝지어 봅시다.

じ　ず　お　づ　ぢ　を

**2** 다음 그림에 맞는 히라가나를 써서 끝말을 이어 봅시다.

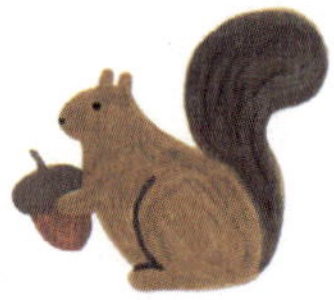

| り | す |
| --- | --- |

ri　su

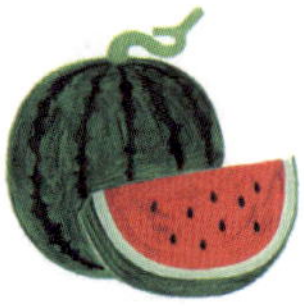

| す | | |
| --- | --- | --- |

su　i　ka

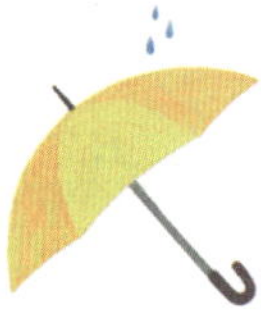

| | |
| --- | --- |

ka　sa

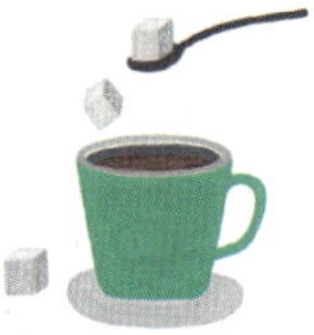

| | | |
| --- | --- | --- |

sa　to　u

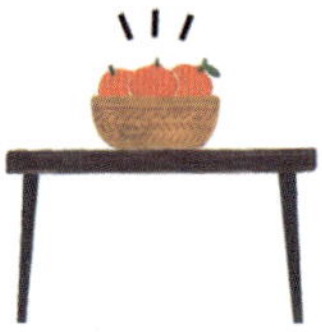

| | |
| --- | --- |

u　e

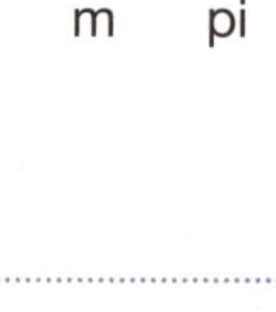

| | | | |
| --- | --- | --- | --- |

e　m　pi　tsu

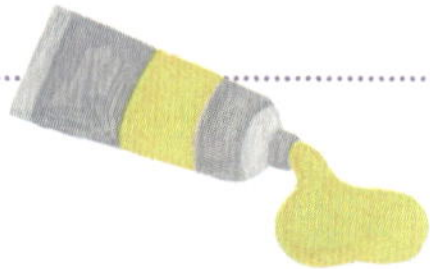

| | |
| --- | --- |

tsu　ki

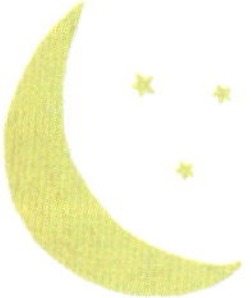

| | | |
| --- | --- | --- |

ki　i　ro

**3** 히라가나 청음만 색칠하면 그림이 나타납니다. 그림과 맞는 단어를 히라가나로 써 봅시다.

🔊 Track 25

| | | | | | | | | |
|---|---|---|---|---|---|---|---|---|
| ん | ぎ | ぐ | げ | あ | ご | ざ | じ | ず |
| ぜ | ぞ | だ | い | う | え | ぢ | づ | で |
| ど | ば | お | か | き | く | け | び | ぶ |
| べ | こ | さ | し | す | せ | そ | た | ぼ |
| ち | つ | て | と | な | に | ぬ | ね | の |
| は | ぱ | ひ | ぴ | ふ | ぷ | へ | ぺ | ほ |
| ぽ | が | ぎ | ぐ | ま | げ | ご | ざ | じ |
| ず | ぜ | ぞ | だ | み | ぢ | づ | で | ど |
| ば | び | も | ぶ | む | べ | ぼ | ぱ | ぴ |
| ぷ | ぺ | ぽ | め | が | ぎ | ぐ | げ | ん |

| | |
|---|---|
| | |

**4** 잘 듣고 다음 '오십음도' 빈칸에 히라가나를 채워 봅시다.

🔊 Track 26

|  |  |  |  |  |
|---|---|---|---|---|
| あ | い |  |  | お |
|  |  | く | け |  |
|  |  | す |  |  |
| た |  |  |  | と |
|  | に |  |  |  |
| は |  |  |  |  |
|  |  |  |  | も |
| や |  | ゆ |  |  |
| ら | り |  | れ |  |
|  |  | を |  | ん |

바탕색이 깔린 곳은 한 획으로 쓸 수 있는 히라가나예요.

# 2

# 가타카나 쓰기노트

일본어 가나를 5자(단), 10자(행)씩 줄 세워 놓은 표를 '오십음도'라고 합니다. 단순히 계산하면 50개가 되어 '오십음도'라고 하지만, 현재는 쓰이지 않는 글자도 있어 '오십음도'의 정확한 개수는 총 46음입니다.

| | ア행 | カ행 | サ행 | タ행 | ナ행 |
|---|---|---|---|---|---|
| | ア a | カ ka | サ sa | タ ta | ナ na |
| ア단 | ココア 코코아 | スカート 치마 | サンタ 산타 | ギター 기타 | バナナ 바나나 |
| | イ i | キ ki | シ shi | チ chi | ニ ni |
| イ단 | インク 잉크 | キー 키 | タクシー 택시 | チキン 치킨 | テニス 테니스 |
| | ウ u | ク ku | ス su | ツ tsu | ヌ nu |
| ウ단 | ソウル 서울 | クリスマス 크리스마스 | トースト 토스트 | ドーナツ 도넛 | カヌー 카누 |
| | エ e | ケ ke | セ se | テ te | ネ ne |
| エ단 | アロエ 알로에 | ケーキ 케이크 | セーター 스웨터 | カステラ 카스테라 | ネクタイ 넥타이 |
| | オ o | コ ko | ソ so | ト to | ノ no |
| オ단 | オニオン 양파 | コイン 코인 | ソース 소스 | トイレ 화장실 | ノート 노트 |

| ハ행 | マ행 | ヤ행 | ラ행 | ワ행 |
|---|---|---|---|---|
| ハ ha | マ ma | ヤ ya | ラ ra | ワ wa |

ハート 하트 | マイク 마이크 | イヤホン 이어폰 | ラーメン 라면 | フラワー 플라워

| ヒ hi | ミ mi | | リ ri | |
|---|---|---|---|---|

コーヒー 커피 | ミルク 우유 | | プリン 푸딩 |

| フ fu | ム mu | ユ yu | ル ru | ヲ o |
|---|---|---|---|---|

フルーツ 과일 | ハム 햄 | ユニホーム 유니폼 | ビル 건물 |

| ヘ he | メ me | | レ re | |
|---|---|---|---|---|

ヘア 헤어 | メール 메일 | | レタス 양상추 |

| ホ ho | モ mo | ヨ yo | ロ ro | ン n |
|---|---|---|---|---|

ホテル 호텔 | レモン 레몬 | クレヨン 크레용 | メロン 멜론 | パン 빵

## ① 청음

'오십음도'에서 ン을 제외한 모든 음을 청음(맑은 음)이라고 합니다.

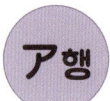

### ア행

모음 ア, イ, ウ, エ, オ는 우리말 [아, 이, 우, 에, 오]와 발음이 비슷하지만, ウ는 [으]와 [우]의 중간 발음이며, 입술을 동그랗게 모으지 않고 발음합니다.

Track 28

ア a

ア ア ア

イ i

イ イ イ

ウ u

ウ ウ ウ

エ e

エ エ エ

▲첫 번째 획보다 세 번째 획을 더 길게 씁니다.

オ o

オ オ オ

## ア행 쓰기

| ア | イ | ウ | エ | オ | | | | | |
|---|---|---|---|---|---|---|---|---|---|

ココア

**ココア** 코코아

インク

**インク** 잉크

ソウル

**ソウル** 서울

アロエ

**アロエ** 알로에

オニオン

**オニオン** 양파

우리말 [카, 키, 쿠, 케, 코]를 조금 약하게 발음하면 되는데, 力행의 음이 단어의 첫머리에 올 때는 [ㄱ]과 [ㅋ]의 중간 발음이고, 단어의 중간이나 끝에 올 때는 [ㄲ]에 가깝습니다. ク는 입술을 동그랗게 모으지 않고 발음합니다.

🔊 Track 29

| カ | カ カ カ | | | | |
|----|----|----|----|----|----|
| ka | | | | | |

⚠️ 히라가나 か와 닮았지만, 부드럽게 쓰는게 아니라 각지게 써야 합니다.

| キ | キ キ キ | | | | |
|----|----|----|----|----|----|
| ki | | | | | |

⚠️ 히라가나 き를 생각하며 씁니다.

| ク | ク ク ク | | | | |
|----|----|----|----|----|----|
| ku | | | | | |

| ケ | ケ ケ ケ | | | | |
|----|----|----|----|----|----|
| ke | | | | | |

| コ | コ コ コ | | | | |
|----|----|----|----|----|----|
| ko | | | | | |

**カ행 쓰기**

| カ | キ | ク | ケ | コ | | | | | |

スカート

**スカート** 치마

キー

**キー** 키

クリスマス

**クリスマス** 크리스마스

ケーキ

**ケーキ** 케이크

コイン

**コイン** 코인

 **サ행** 우리말 [사, 시, 스, 세, 소]와 비슷하게 발음하되, シ는 영어의 [she]와 비슷한 음이며, ス는 입술을 동그랗게 모으지 않고 [스]에 가깝게 발음합니다.

Track 30

サ sa

シ shi

⚠ 첫 번째 획과 두 번째 획은 세로로 누워지게 씁니다.

ス su

⚠ 한글 ㅈ을 생각하며 씁니다.

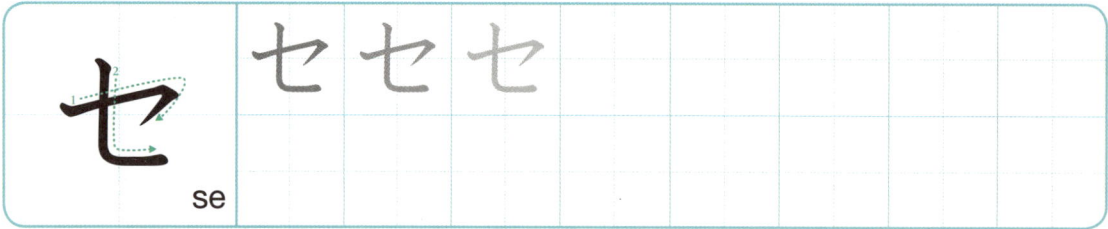

セ se

⚠ 히라가나 せ와 혼동하지 않도록 합니다.

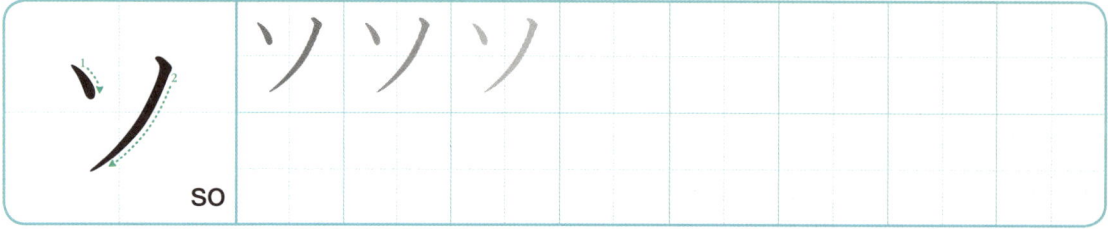

ソ so

## サ행 쓰기

| サ | シ | ス | セ | ソ | | | | | |

**サンタ** 산타
サンタ

**タクシー** 택시
タクシー

**トースト** 토스트
トースト

**セーター** 스웨터
セーター

**ソース** 소스
ソース

夕행 우리말 [타, 치, 츠, 테, 토]로 발음하면 되는데, 단어 첫머리에 올 때는 [ㄷ]과 [ㅌ]의 중간 발음이고, 단어의 중간이나 끝에 올 때는 [ㄸ]에 가까운 발음입니다. ツ는 [츠]와 [쯔]의 중간 발음이며, 영어의 [it's me]라고 할 때의 [t's]와 발음이 비슷합니다.

🔊 Track 31

| 夕 ta | 夕 | 夕 | 夕 | | | | |
|---|---|---|---|---|---|---|---|

| チ chi | チ | チ | チ | | | | |
|---|---|---|---|---|---|---|---|

| ツ tsu | ツ | ツ | ツ | | | | |
|---|---|---|---|---|---|---|---|

⚠ シ와 닮았지만 シ는 첫 번째, 두 번째 획을 세로로, ツ는 가로로 누워지게 써야 합니다. 마지막 획은 위에서 아래로 내려 씁니다.

| テ te | テ | テ | テ | | | | |
|---|---|---|---|---|---|---|---|

| ト to | ト | ト | ト | | | | |
|---|---|---|---|---|---|---|---|

## タ행 쓰기

| タ | チ | ツ | テ | ト | | | | |

**ギ**ター 기타

ギター

**チ**キン 치킨

チ キ ン

**ド**ーナ**ツ** 도넛

ド ー ナ ツ

カ**ス**テ**ラ** 카스테라

カ ス テ ラ

**ト**イ**レ** 화장실

ト イ レ

 **ナ행**　우리말 [나, 니, 누, 네, 노]로 발음하면 됩니다. ヌ는 입술을 동그랗게 모으지 않고 발음합니다.

Track 32

⚠ 히라가나 な의 첫 번째, 두 번째 획을 생각하며 씁니다.

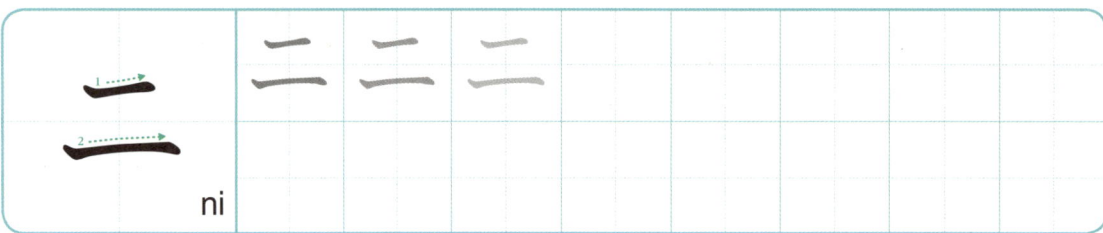

⚠ 두 번째 획을 더 길게 씁니다.

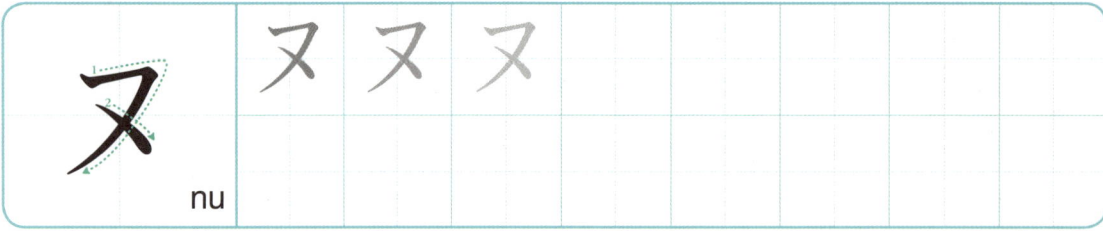

⚠ ス와 タ가 되지 않도록 씁니다.

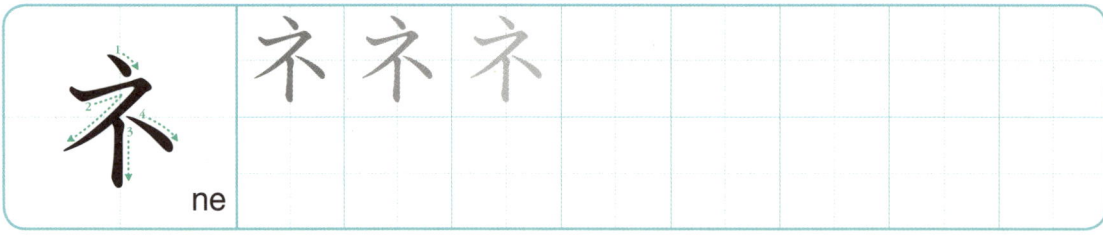

**ナ행 쓰기**

ナ ニ ヌ ネ ノ

バ ナ ナ

**バナナ** 바나나

テ ニ ス

**テニス** 테니스

カ ヌ ー

**カヌー** 카누

ネ ク タ イ

**ネクタイ** 넥타이

ノ ー ト

**ノート** 노트

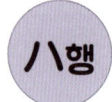

## ハ행

우리말 [하, 히, 후, 헤, 호]와 발음이 비슷합니다. フ는 [흐]와 [후]의 중간 발음이며, 입술을 동그랗게 모으지 않고 발음합니다.

Track 33

ハ ha

ハ ハ ハ

ヒ hi

ヒ ヒ ヒ

フ fu

フ フ フ

⚠모서리를 둥글어지지 않게 씁니다.

ヘ he

ヘ ヘ ヘ

⚠히라가나 へ는 부드럽게, 가타카나 ヘ는 각지게 씁니다.

ホ ho

ホ ホ ホ

⚠나무 목(木)자가 되지 않게 씁니다.

## ハ행 쓰기

| ハ | ヒ | フ | ヘ | ホ | | | |

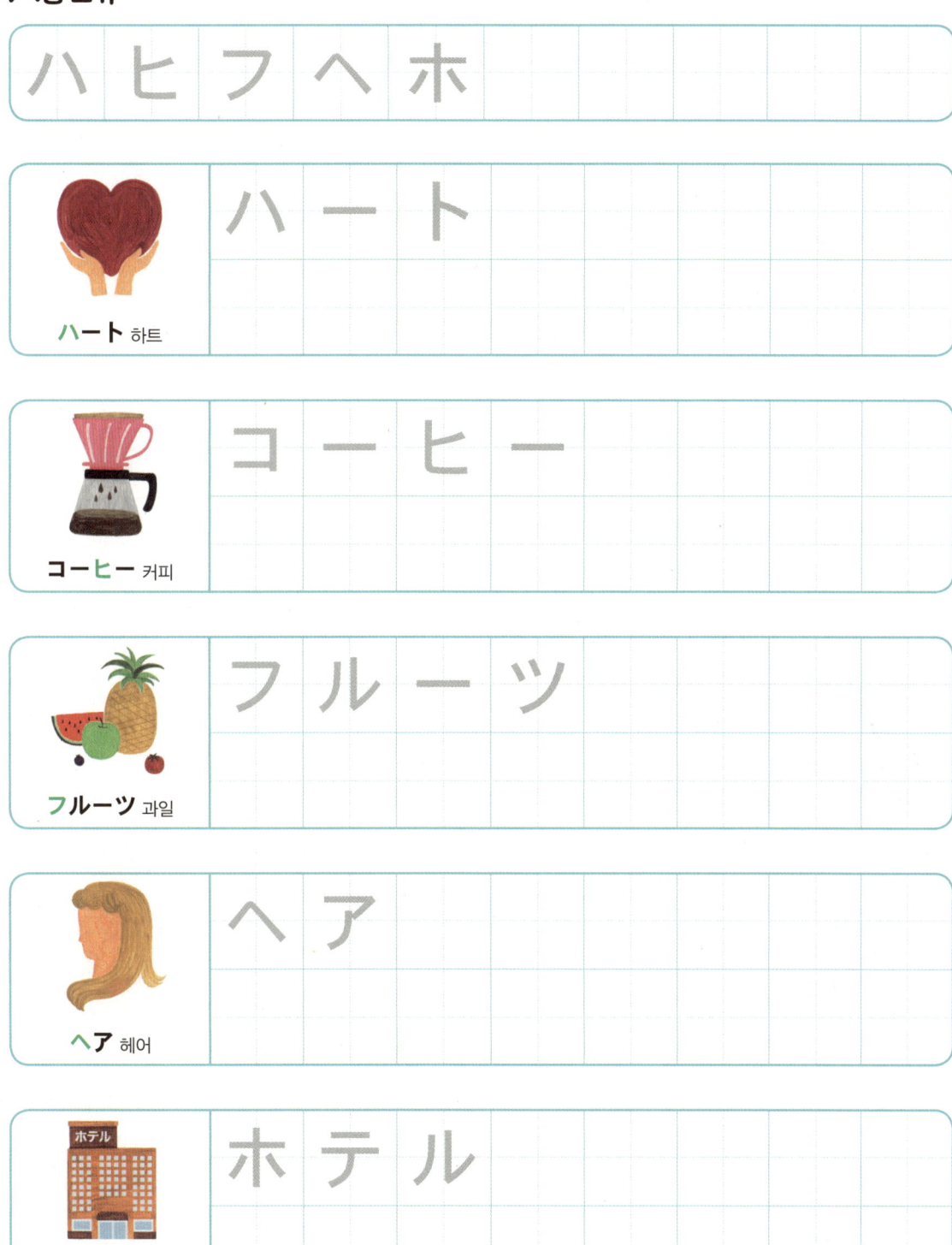

ハート 하트

ハート

コーヒー 커피

コーヒー

フルーツ 과일

フルーツ

ヘア 헤어

ヘア

ホテル 호텔

ホテル

우리말 [마, 미, 무, 메, 모]와 발음이 비슷합니다. ム는 입술을 동그랗게 모으지 않고 발음합니다.

🔊 Track 34

| マ<br>ma | マ | マ | マ | | | |

⚠ ア와 달리 마지막 획이 짧습니다.

| ミ<br>mi | ミ | ミ | ミ | | | |

⚠ シ의 첫 번째, 두 번째 획처럼 세로로 균형 있게 씁니다.

| ム<br>mu | ム | ム | ム | | | |

| メ<br>me | メ | メ | メ | | | |

⚠ ノ가 되지 않도록 씁니다.

| モ<br>mo | モ | モ | モ | | | |

## マ행 쓰기

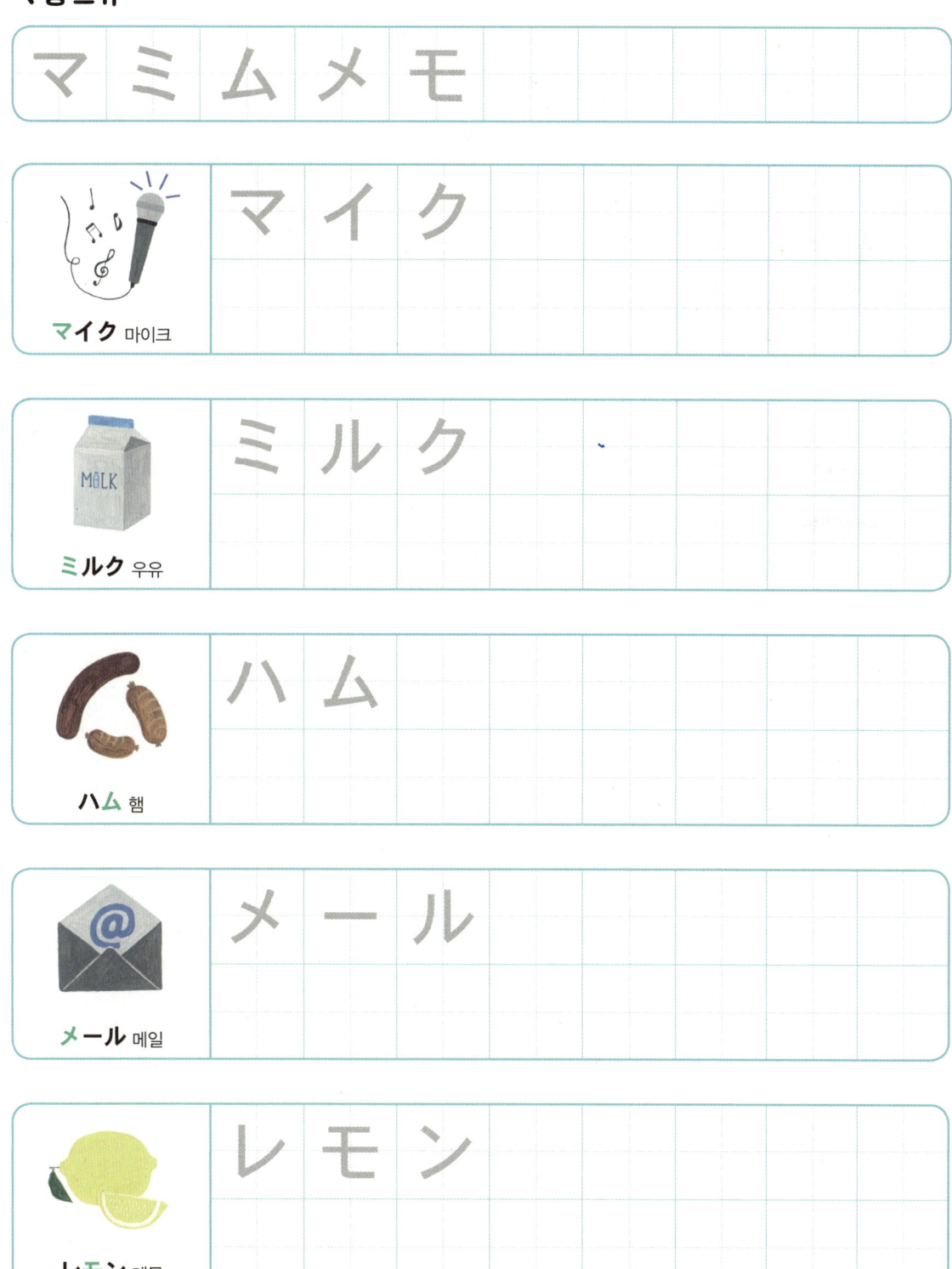

| マ | ミ | ム | メ | モ |

**マイク** 마이크
マイク

**ミルク** 우유
ミルク

**ハム** 햄
ハム

**メール** 메일
メール

**レモン** 레몬
レモン

 **ヤ행**

ヤ행은 ヤ, ユ, ヨ 세 개뿐이고, 이를 반모음이라고 합니다. 우리말 [야, 유, 요]와 발음이 비슷하며, ユ는 입술을 동그랗게 모으지 않고 발음합니다.

◀》 Track 35

▲ 히라가나 や와 구별해서 쓰도록 합니다.

▲ ユ와 달리 마지막 획을 길게 씁니다.

## ヤ행 쓰기

ヤ ユ ヨ

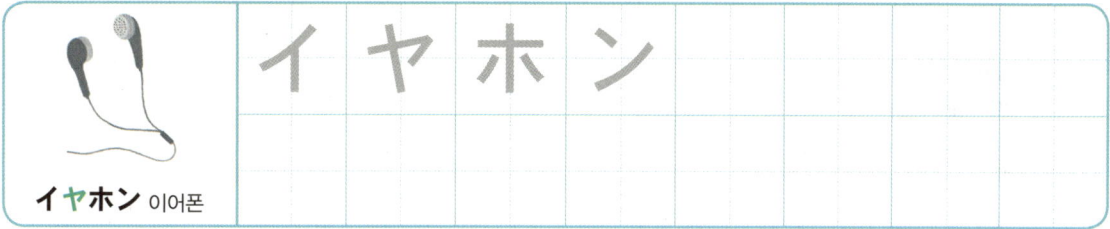

**イ**ヤ**ホン** 이어폰

イ ヤ ホ ン

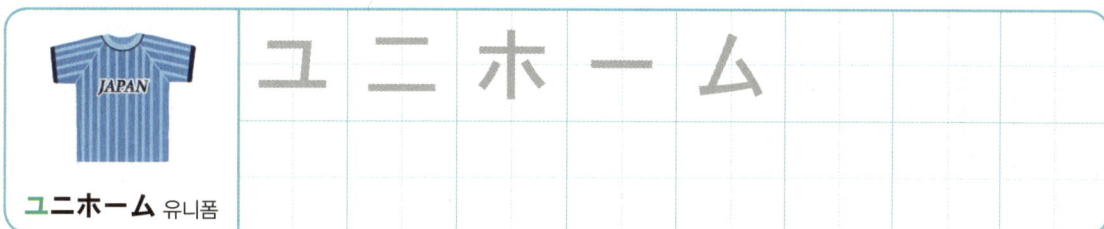

**ユ**ニ**ホーム** 유니폼

ユ ニ ホ ー ム

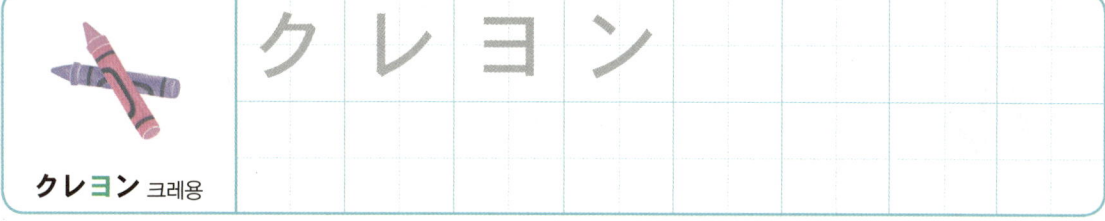

**ク**レ**ヨン** 크레용

ク レ ヨ ン

ラ행 우리말 [라, 리, 루, 레, 로]와 발음이 비슷하고, 실제로는 혀끝으로 조금 튕기듯이 내는 소리입니다.
ル는 입술을 동그랗게 모으지 않고 발음합니다.

🔊 Track 36

ラ
ra

▲ 히라가나 う와 달리 직각으로 씁니다.

リ
ri

▲ 히라가나 り와 비슷하지만 첫 번째 획과 두 번째 획이 만나지 않도록 쓰고, 각지게 씁니다.

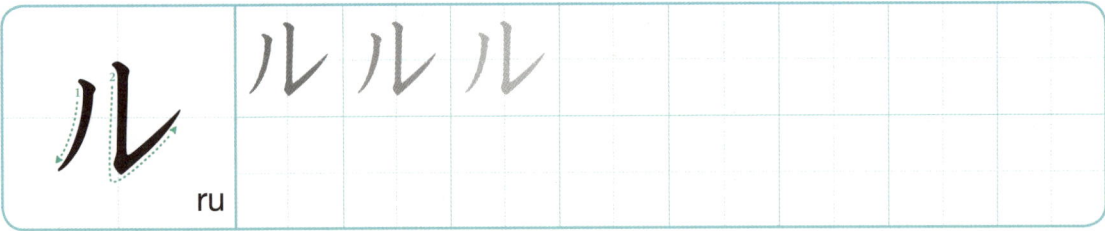

ル
ru

▲ 가타카나 ノ와 レ를 생각하며 씁니다.

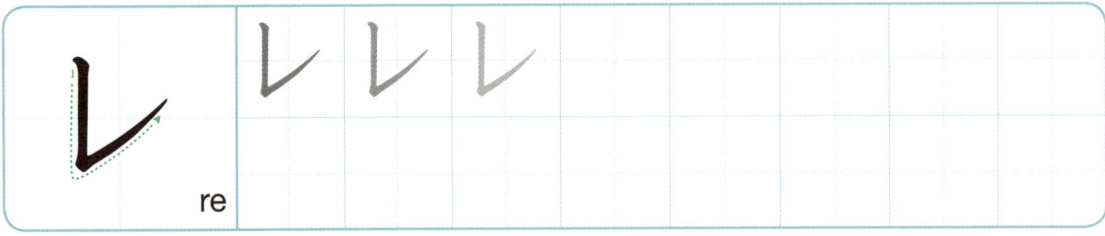

レ
re

ロ
ro

▲ 한글 ㅁ처럼 씁니다.

## 라행 쓰기

| ラ | リ | ル | レ | ロ |  |  |  |  |  |

**ラーメン** 라면

ラーメン

**プリン** 푸딩

プリン

**ビル** 건물

ビル

**レタス** 양상추

レタス

**メロン** 멜론

メロン

 **ワ행**

ワ행에는 ワ, ヲ가 있고, 우리말 [와, 오]와 발음이 비슷합니다. ヲ는 ア행의 オ와 발음이 거의 같지만, 자세히 들어보면 [오]와 [워]의 중간 발음입니다. ン은 뒤에 오는 음에 따라 [ㄴ, ㅁ, ㅇ] 받침과 가깝게 발음합니다.

🔊 Track 37

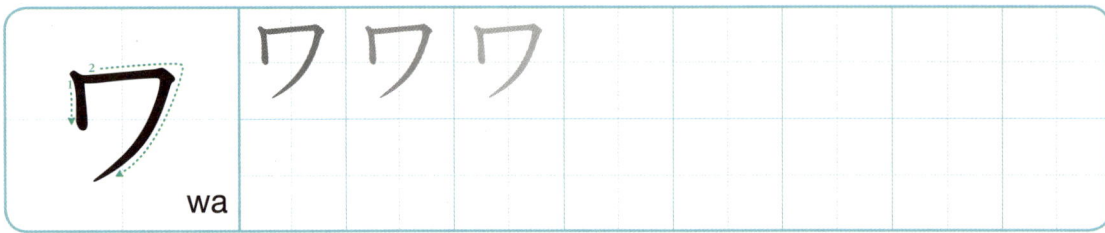

**wa**

**o**

⚠️ 한글의 ㅋ처럼 쓰면 되지만, 획순에 주의하고 세 번째 획이 안쪽으로 휘어지게 씁니다.

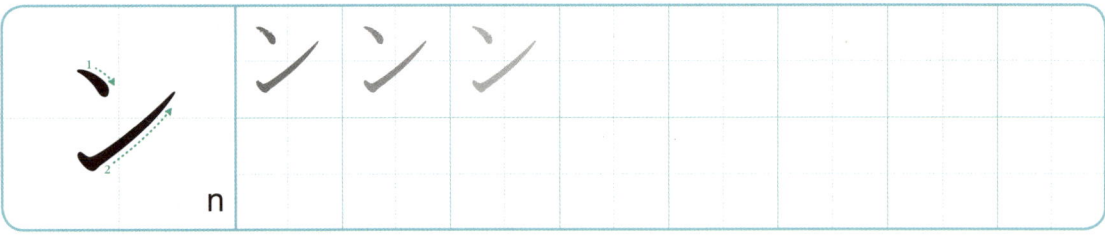

**n**

⚠️ 마지막 획을 ソ는 위에서 아래로, ン은 아래에서 위로 올려 씁니다.

**잠깐 체크** 🔊 Track 38

일본에서는 누군가의 집이나 사무실 등을 방문할 때, 계절마다 아래와 같은 간단한 선물을 들고 갑니다.

봄

さくらもち
벚꽃 떡

いちごだいふく
딸기 찹쌀떡

여름

ゼリー
젤리

プリン
푸딩

## ワ행 쓰기

| ワ | ヲ | ン | | | | | | | |

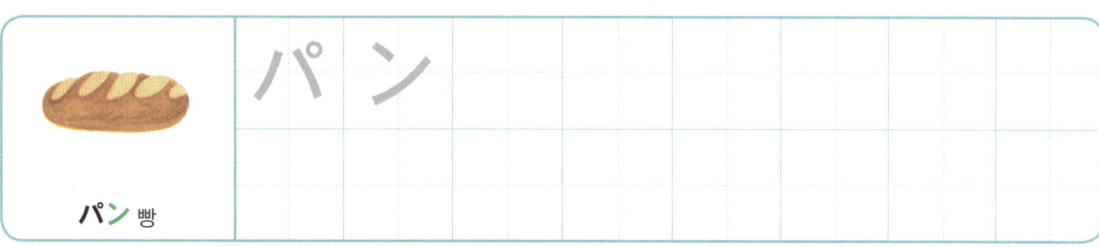

| | フ | ラ | ワ | ー | | | | | |

**フラワー** 플라워

| | パ | ン | | | | | | | |

**パン** 빵

가을

**モンブラン**
몽블랑

**くりようかん**
밤양갱

겨울

**タイやき**
잉어빵(붕어빵)

**ドラやき**
도라야키

| ア | ア |
| マ | マ |
| ヤ | ヤ |

| ウ | ウ |
| ク | ク |

| エ | エ |
| チ | チ |
| テ | テ |

| オ | オ |
| ナ | ナ |

| コ | コ |
| ユ | ユ |

| ス | ス | | | | | | | | |
| フ | フ | | | | | | | | |
| ワ | ワ | | | | | | | | |

| シ | シ | | | | | | | | |
| ツ | ツ | | | | | | | | |

| ソ | ソ | | | | | | | | |
| ン | ン | | | | | | | | |

| タ | タ | | | | | | | | |
| ヌ | ヌ | | | | | | | | |
| ヲ | ヲ | | | | | | | | |

| リ | リ | | | | | | | | |
| ル | ル | | | | | | | | |

## 가타카나 확인문제 1

**1** 각 조건에 맞는 가타카나를 찾아 ○표 해 봅시다.

**❶** サ행

ミ　シ　ツ　ソ　ン　メ

**❷** ナ행

ウ　ク　ニ　タ　ヌ　ヲ

**❸** 한 획으로 쓰는 가타카나

コ　ノ　フ　ヘ　レ　ロ

**2** □에는 같은 가타카나가 들어갑니다. 다음 그림을 보고 같은 글자로 끝나는 단어 계단을 만들어 봅시다.

**❶**

| ビ | | |
|---|---|---|
| ホ | テ | |
| エ | ン | ゼ |

**❷**

| パ | | |
|---|---|---|
| レ | モ | |
| イ | ヤ | ホ |

78

**3** 다음 그림에 맞는 단어가 되도록 ○에 히라가나를, □에 가타카나를 써 봅시다.

**①**

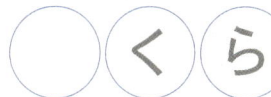

**②**

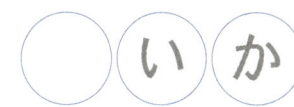

**③**

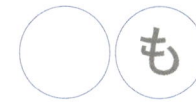

**④**

**4** 잘 듣고 가타카나를 완성시켜 봅시다.

Track 39

**①**
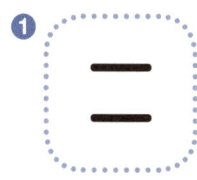

**②**

**③**

**④**

**⑤**

**⑥**

## ② 탁음

カ행(カ, キ, ク, ケ, コ), サ행(サ, シ, ス, セ, ソ), タ행(タ, チ, ツ, テ, ト), ハ행(ハ, ヒ, フ, ヘ, ホ)의 글자 오른쪽 위에 탁점(゛)을 붙여서 맑은 소리를 콧소리(탁한 음)로 만드는 역할을 합니다.

 **ガ행**　　우리말 [가, 기, 구, 게, 고]와 발음이 비슷한데, 앞에 짧게 [응]을 넣어서 발음하는 연습을 하면 좋습니다. ぐ는 입술을 동그랗게 모으지 않고 발음합니다.

🔊 Track 40

| ガ ga | メ**ガ**ネ 안경 | ガ ガ ガ | | |

| ギ gi | **ギ**ター 기타 | ギ ギ ギ | | |

| グ gu | ヨー**グ**ルト 요구르트 | グ グ グ | | |

| ゲ ge | **ゲ**ーム 게임 | ゲ ゲ ゲ | | |

| ゴ go | **ゴ**ルフ 골프 | ゴ ゴ ゴ | | |

 **ザ행**  영어 [z], 우리말 [자, 지, 즈, 제, 조]와 발음이 비슷하지만 정확하게는 다릅니다. 혀끝을 최대한 앞쪽 즉 잇몸 부근에 살짝 대고 발음해야 합니다. ズ는 입술을 동그랗게 모으지 않고 발음합니다.

🔊 Track 41

| ザ za |  ピザ 피자 | ザ ザ ザ | | |
|---|---|---|---|---|

| ジ ji |  オレンジ 오렌지 | ジ ジ ジ | | |
|---|---|---|---|---|

| ズ zu |  チーズ 치즈 | ズ ズ ズ | | |
|---|---|---|---|---|

| ゼ ze |  エンゼル 천사 | ゼ ゼ ゼ | | |
|---|---|---|---|---|

| ゾ zo | ゾウ 코끼리 | ゾ ゾ ゾ | | |
|---|---|---|---|---|

ダ, デ, ド는 영어 [d]발음이며, ヂ, ヅ는 ジ, ズ와 발음이 비슷합니다. ヅ는 입술을 동그랗게 모으지 않고 [즈]에 가깝게 발음합니다. ヂ와 ヅ는 잘 쓰이지 않습니다.

🔊 Track 42

| ダ da | ダイア 다이아 | ダ ダ ダ | |
| ヂ ji | チヂミ 부침개 | ヂ ヂ ヂ | |
| ヅ zu | | ヅ ヅ ヅ | |
| デ de | デスク 책상 | デ デ デ | |
| ド do | ドーナツ 도넛 | ド ド ド | |

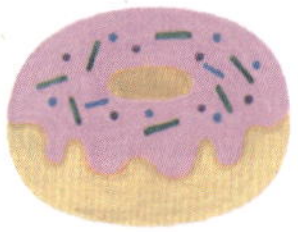

 **バ행**  우리말 [바, 비, 부, 베, 보]와 발음이 비슷합니다. ブ는 입술을 동그랗게 모으지 않고 발음합니다.

🔊 Track 43

| バ |  | バ バ バ |
|---|---|---|
| ba |  **バナナ** 바나나 | |

| ビ |  | ビ ビ ビ |
|---|---|---|
| bi |  **ビール** 맥주 | |

| ブ | 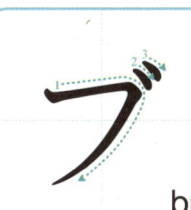 | ブ ブ ブ |
|---|---|---|
| bu |  **ブーツ** 부츠 | |

| ベ |  | ベ ベ ベ |
|---|---|---|
| be | 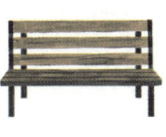 **ベンチ** 벤치 | |

| ボ |  | ボ ボ ボ |
|---|---|---|
| bo |  **サボテン** 선인장 | |

# 3 반탁음

ハ행(ハ, ヒ, フ, ヘ, ホ)의 글자 오른쪽에 반탁점(ㅇ)을 붙여서 내는 음으로, [ㅃ]과 [ㅍ]의 중간 발음입니다.

**パ행**  우리말 [파, 피, 푸, 페, 포]와 발음이 비슷한데, 단어 중간이나 단어 끝에 오면 [빠, 삐, 뿌, 뻬, 뽀]에 가깝게 발음합니다. プ는 입술을 동그랗게 모으지 않고 발음합니다.

🔊 Track 44

| パ pa | パイ 파이 | パ パ パ |
| ピ pi | ピクルス 피클 | ピ ピ ピ |
| プ pu | プリン 푸딩 | プ プ プ |
| ペ pe | ペン 펜 | ペ ペ ペ |
| ポ po | ポスト 우체통 | ポ ポ ポ |

 **④ 요음**

イ를 제외한 イ단(キ, ギ, シ, ジ, チ, ニ, ヒ, ビ, ピ, ミ, リ)의 오른쪽 아래에 작게 ヤ, ユ, ョ를 붙여서 내는 소리이며, 한 박자로 발음합니다.

| キャ<br>kya | キャ | キャ | キャ | | | | | |
|---|---|---|---|---|---|---|---|---|

| キュ<br>kyu | キュ | キュ | キュ | | | | | |
|---|---|---|---|---|---|---|---|---|

| キョ<br>kyo | キョ | キョ | キョ | | | | | |
|---|---|---|---|---|---|---|---|---|

| ギャ<br>gya | ギャ | ギャ | ギャ | | | | | |
|---|---|---|---|---|---|---|---|---|

| ギュ<br>gyu | ギュ | ギュ | ギュ | | | | | |
|---|---|---|---|---|---|---|---|---|

| ギョ<br>gyo | ギョ | ギョ | ギョ | | | | | |
|---|---|---|---|---|---|---|---|---|

| シャ | シャ | シャ | シャ | | | | | |
|------|------|------|------|--|--|--|--|--|
| sha | | | | | | | | |

| シュ | シュ | シュ | シュ | | | | | |
|------|------|------|------|--|--|--|--|--|
| shu | | | | | | | | |

| ショ | ショ | ショ | ショ | | | | | |
|------|------|------|------|--|--|--|--|--|
| sho | | | | | | | | |

| ジャ | ジャ | ジャ | ジャ | | | | | |
|------|------|------|------|--|--|--|--|--|
| ja | | | | | | | | |

| ジュ | ジュ | ジュ | ジュ | | | | | |
|------|------|------|------|--|--|--|--|--|
| ju | | | | | | | | |

| ジョ | ジョ | ジョ | ジョ | | | | | |
|------|------|------|------|--|--|--|--|--|
| jo | | | | | | | | |

| チャ cha | チャ | チャ | チャ | | | | | |
|---|---|---|---|---|---|---|---|---|
| | | | | | | | | |

| チュ chu | チュ | チュ | チュ | | | | | |
|---|---|---|---|---|---|---|---|---|
| | | | | | | | | |

| チョ cho | チョ | チョ | チョ | | | | | |
|---|---|---|---|---|---|---|---|---|
| | | | | | | | | |

| ニャ nya | ニャ | ニャ | ニャ | | | | | |
|---|---|---|---|---|---|---|---|---|
| | | | | | | | | |

| ニュ nyu | ニュ | ニュ | ニュ | | | | | |
|---|---|---|---|---|---|---|---|---|
| | | | | | | | | |

| ニョ nyo | ニョ | ニョ | ニョ | | | | | |
|---|---|---|---|---|---|---|---|---|
| | | | | | | | | |

| ヒャ<br>hya | ヒャ | ヒャ | ヒャ | | | | | |
|:---:|:---:|:---:|:---:|:---:|:---:|:---:|:---:|:---:|
| | | | | | | | | |

| ヒュ<br>hyu | ヒュ | ヒュ | ヒュ | | | | | |
|:---:|:---:|:---:|:---:|:---:|:---:|:---:|:---:|:---:|
| | | | | | | | | |

| ヒョ<br>hyo | ヒョ | ヒョ | ヒョ | | | | | |
|:---:|:---:|:---:|:---:|:---:|:---:|:---:|:---:|:---:|
| | | | | | | | | |

| ビャ<br>bya | ビャ | ビャ | ビャ | | | | | |
|:---:|:---:|:---:|:---:|:---:|:---:|:---:|:---:|:---:|
| | | | | | | | | |

| ビュ<br>byu | ビュ | ビュ | ビュ | | | | | |
|:---:|:---:|:---:|:---:|:---:|:---:|:---:|:---:|:---:|
| | | | | | | | | |

| ビョ<br>byo | ビョ | ビョ | ビョ | | | | | |
|:---:|:---:|:---:|:---:|:---:|:---:|:---:|:---:|:---:|
| | | | | | | | | |

| ピャ | ピャ | ピャ | ピャ | | | | |
| pya | | | | | | | |

| ピュ | ピュ | ピュ | ピュ | | | | |
| pyu | | | | | | | |

| ピョ | ピョ | ピョ | ピョ | | | | |
| pyo | | | | | | | |

| ミャ | ミャ | ミャ | ミャ | | | | |
| mya | | | | | | | |

| ミュ | ミュ | ミュ | ミュ | | | | |
| myu | | | | | | | |

| ミョ | ミョ | ミョ | ミョ | | | | |
| myo | | | | | | | |

| リャ rya | リャ | リャ | リャ | | | | | |
|---|---|---|---|---|---|---|---|---|
| | | | | | | | | |

| リュ ryu | リュ | リュ | リュ | | | | | |
|---|---|---|---|---|---|---|---|---|
| | | | | | | | | |

| リョ ryo | リョ | リョ | リョ | | | | | |
|---|---|---|---|---|---|---|---|---|
| | | | | | | | | |

# 5 장음

같은 모음이 중복될 때, 앞 글자의 모음을 두 박자 길이로 길게 발음하는 것을 장음이라고 합니다.
가타카나는 ー로 표기하고, 발음의 길이에 따라 뜻이 달라지기도 합니다.

◀)) Track 46

| 규칙 | 발음 | 예 |
|---|---|---|
| ア단 ⊕ ア | ア단을 길게 발음 | ラーメン 라면 |
| イ단 ⊕ イ | イ단을 길게 발음 | タクシー 택시 |
| ウ단 ⊕ ウ | ウ단을 길게 발음 | フルーツ 과일 |
| エ단 ⊕ エ, イ | エ단, イ단을 길게 발음 | ケーキ 케이크 |
| オ단 ⊕ オ, ウ | オ단, ウ단을 길게 발음 | ノート 노트 |

## 잠깐 체크

◀)) Track 47

발음의 길이에 따라 뜻이 달라집니다.

ビル
★★
건물

ビール
★★★
맥주

ハト
★★
비둘기

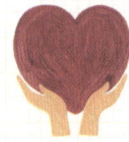

ハート
★★★
하트

**1** 같은 발음끼리 짝지어 봅시다.

ジ　ズ　オ　ヅ　ヂ　ヲ

**2** 다음 그림에 맞는 가타카나를 써서 끝말을 이어 봅시다.

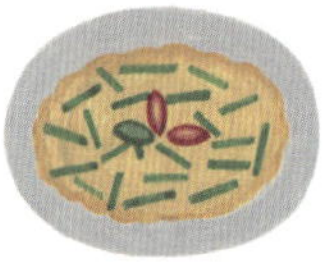

| チ | ヂ | ミ |
|:-:|:-:|:-:|
| chi | ji | mi |

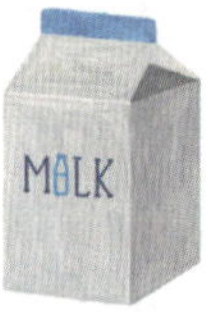

| ミ | | |
|:-:|:-:|:-:|
| mi | ru | ku |

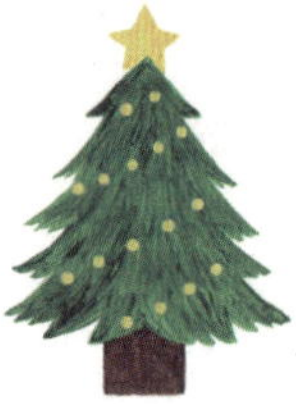

| | | | | |
|:-:|:-:|:-:|:-:|:-:|
| ku | ri | su | ma | su |

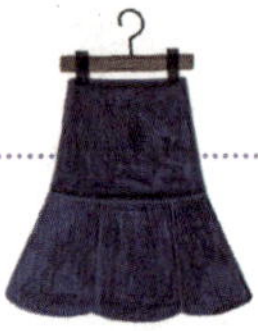

| | | | |
|:-:|:-:|:-:|:-:|
| su | ka | - | to |

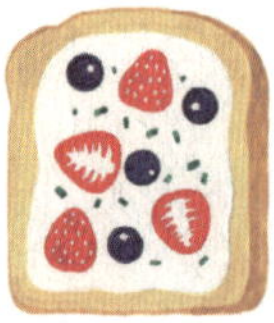

| | | | |
|:-:|:-:|:-:|:-:|
| to | - | su | to |

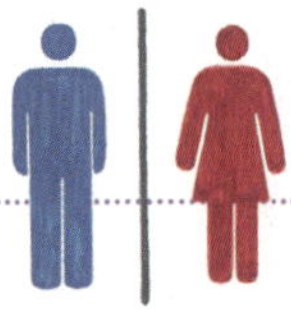

| | | |
|:-:|:-:|:-:|
| to | i | re |

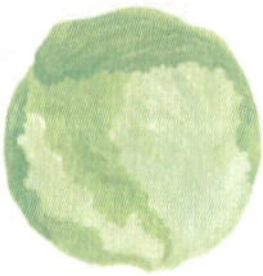

| | | |
|:-:|:-:|:-:|
| re | ta | su |

**3** 가타카나 청음만 색칠하면 그림이 나타납니다. 그림과 맞는 단어를 가타카나로 써 봅시다.

🔊 Track 48

| | | | | | | | | |
|---|---|---|---|---|---|---|---|---|
| ガ | ア | イ | ギ | グ | ゲ | ウ | エ | ゴ |
| オ | カ | キ | ク | ン | ケ | コ | サ | シ |
| ス | セ | ソ | タ | チ | ツ | テ | ト | ナ |
| ニ | ヌ | ネ | ノ | ハ | ヒ | フ | ヘ | ホ |
| ザ | マ | ミ | ム | メ | モ | ヤ | ユ | ジ |
| ズ | ヨ | ラ | リ | ル | レ | ロ | ワ | ゼ |
| ゾ | ダ | ヲ | ア | イ | ウ | エ | ヂ | ツ |
| デ | ド | バ | オ | カ | キ | ビ | ブ | ベ |
| ボ | パ | ピ | プ | ク | ペ | ポ | ガ | ン |

| | | | |
|---|---|---|---|
| | | | |

**4** 잘 듣고 다음 '오십음도' 빈칸에 가타카나를 채워 봅시다.

🔊 Track 49

바탕색이 깔린 곳은 한 획으로 쓸 수 있는 가타카나예요.

# 3

# 쓰기 연습

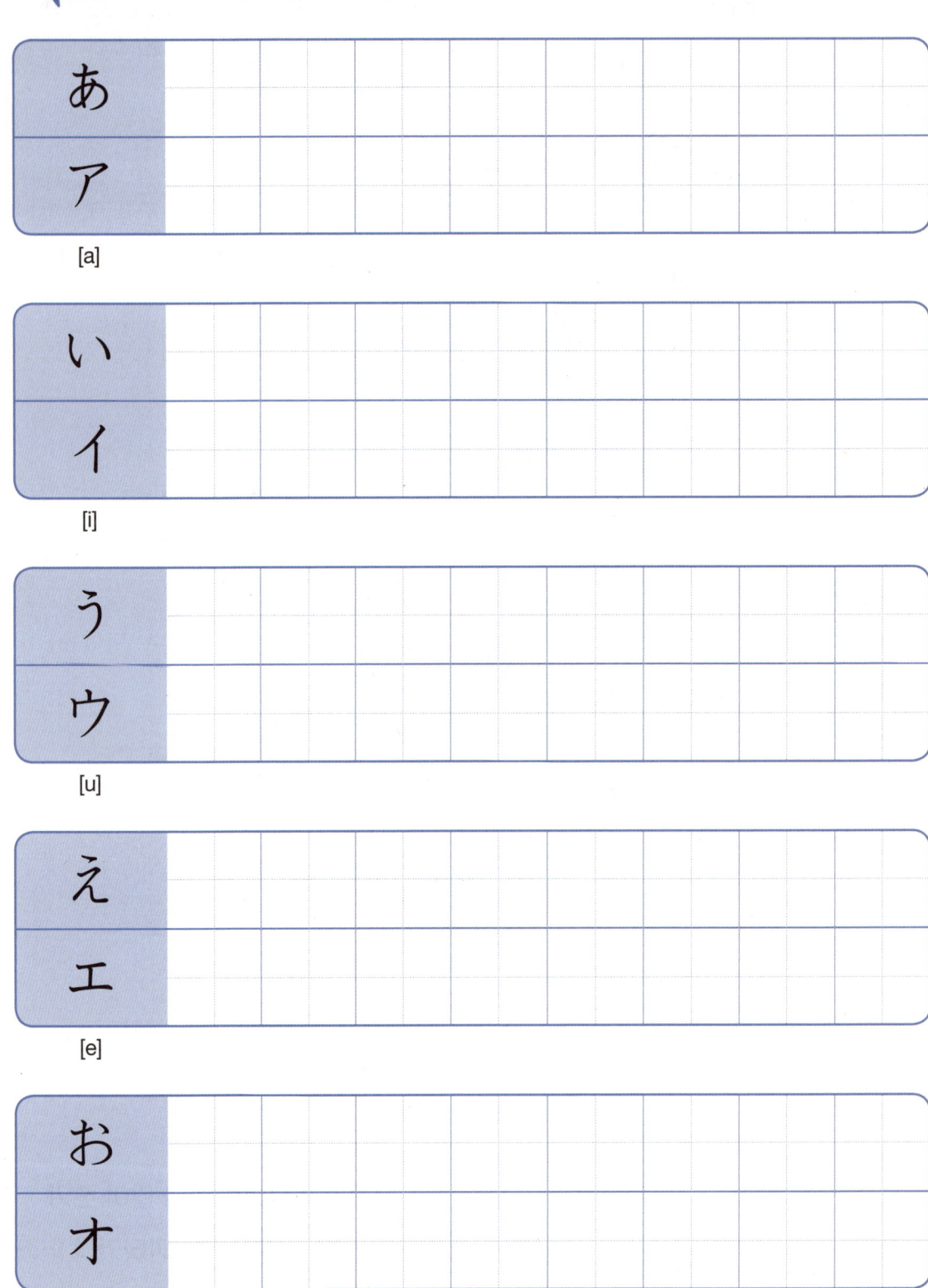

あ
ア
[a]

い
イ
[i]

う
ウ
[u]

え
エ
[e]

お
オ
[o]

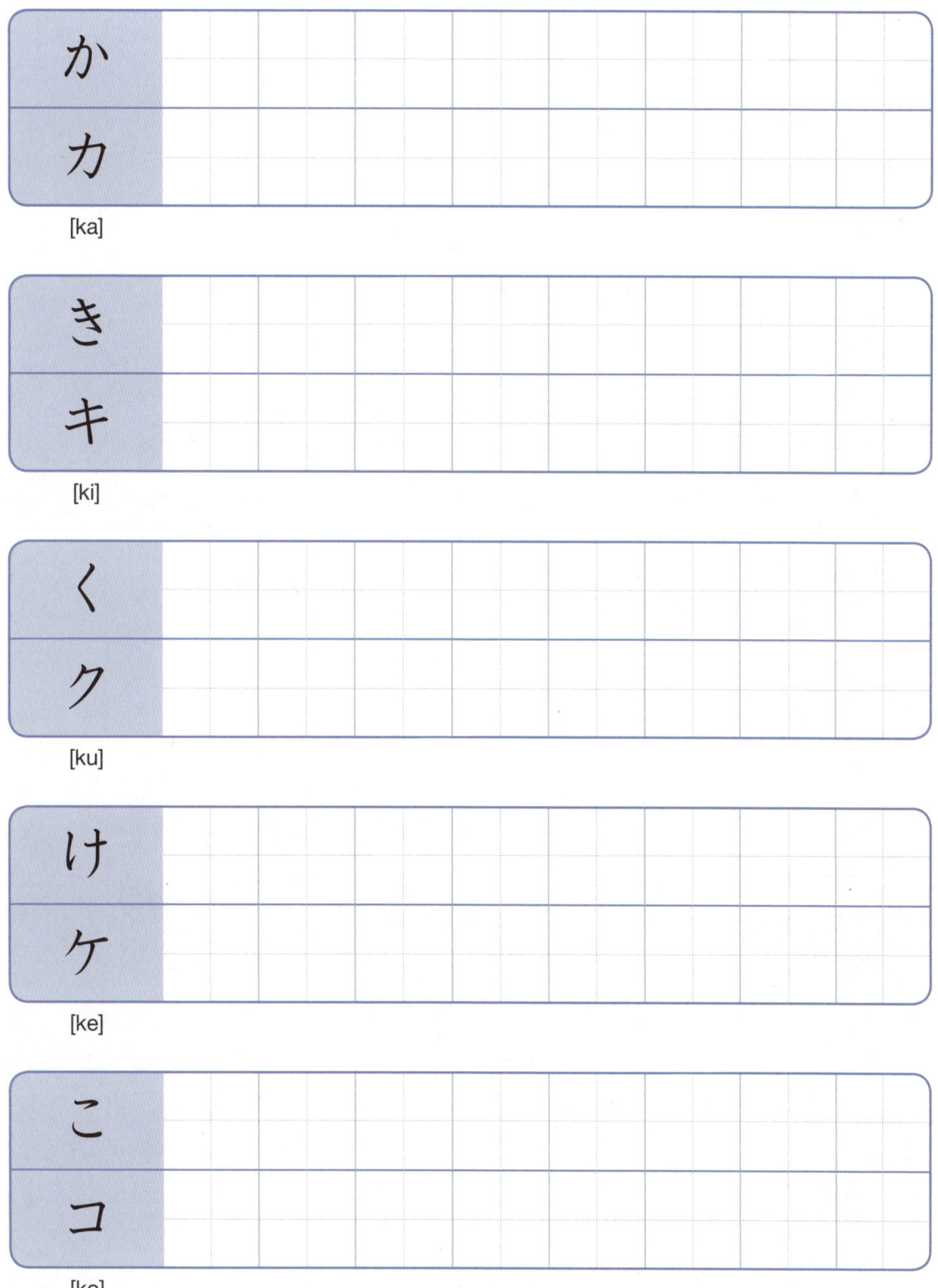

か
カ
[ka]

き
キ
[ki]

く
ク
[ku]

け
ケ
[ke]

こ
コ
[ko]

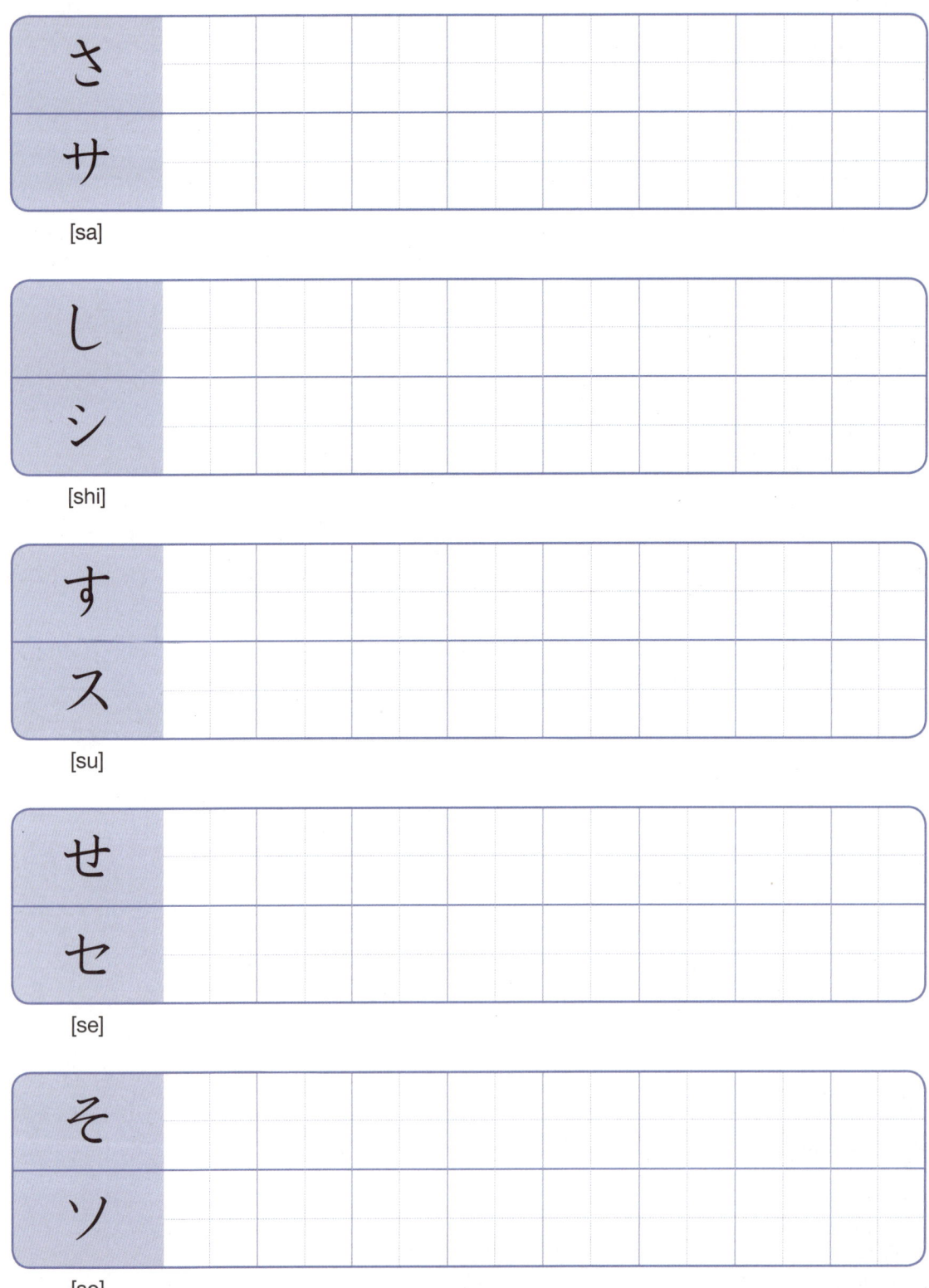

さ サ
[sa]

し シ
[shi]

す ス
[su]

せ セ
[se]

そ ソ
[so]

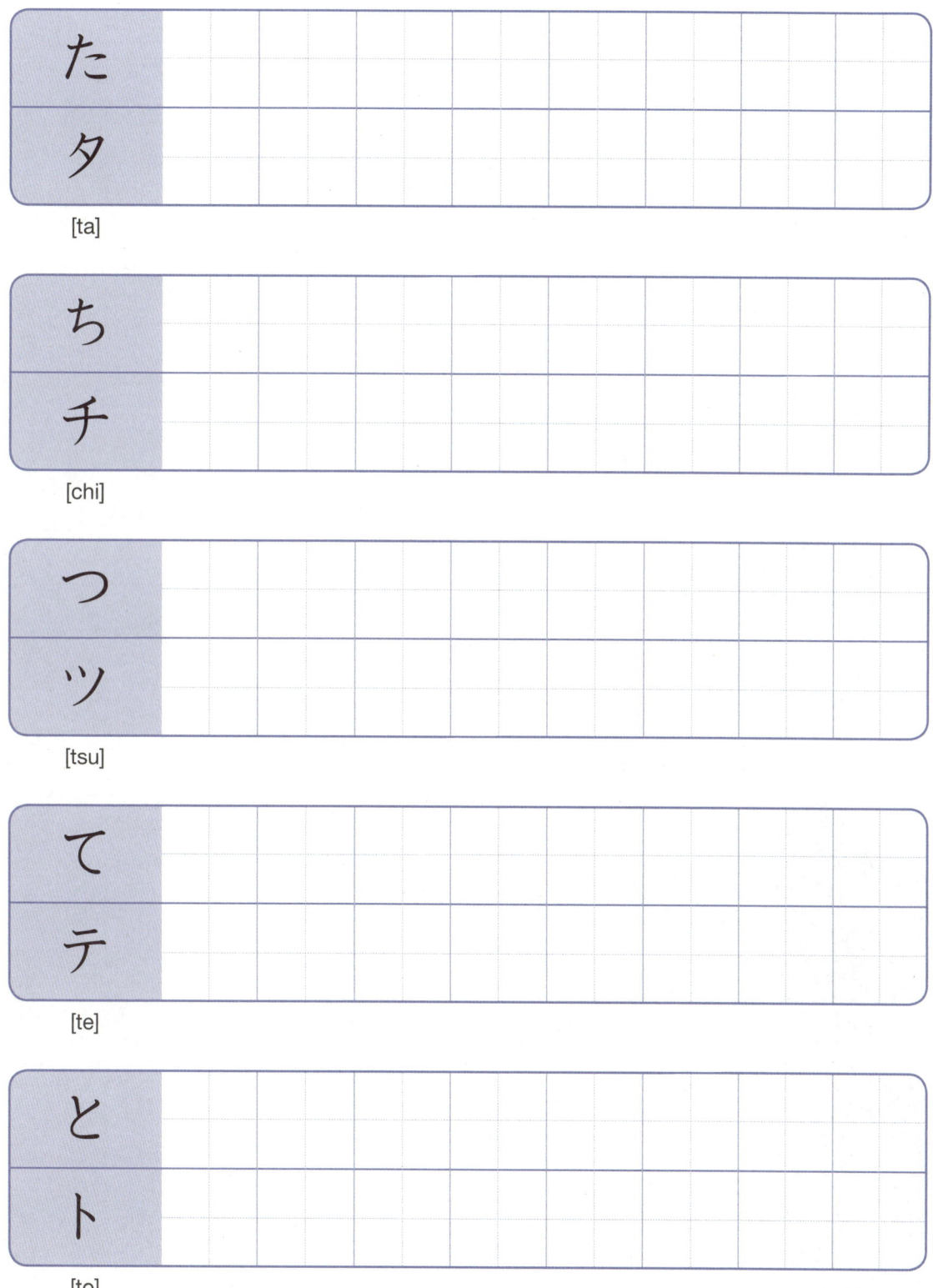

た
タ
[ta]

ち
チ
[chi]

つ
ツ
[tsu]

て
テ
[te]

と
ト
[to]

な
ナ
[na]

に
ニ
[ni]

ぬ
ヌ
[nu]

ね
ネ
[ne]

の
ノ
[no]

は
ハ
[ha]

ひ
ヒ
[hi]

ふ
フ
[fu]

へ
へ
[he]

ほ
ホ
[ho]

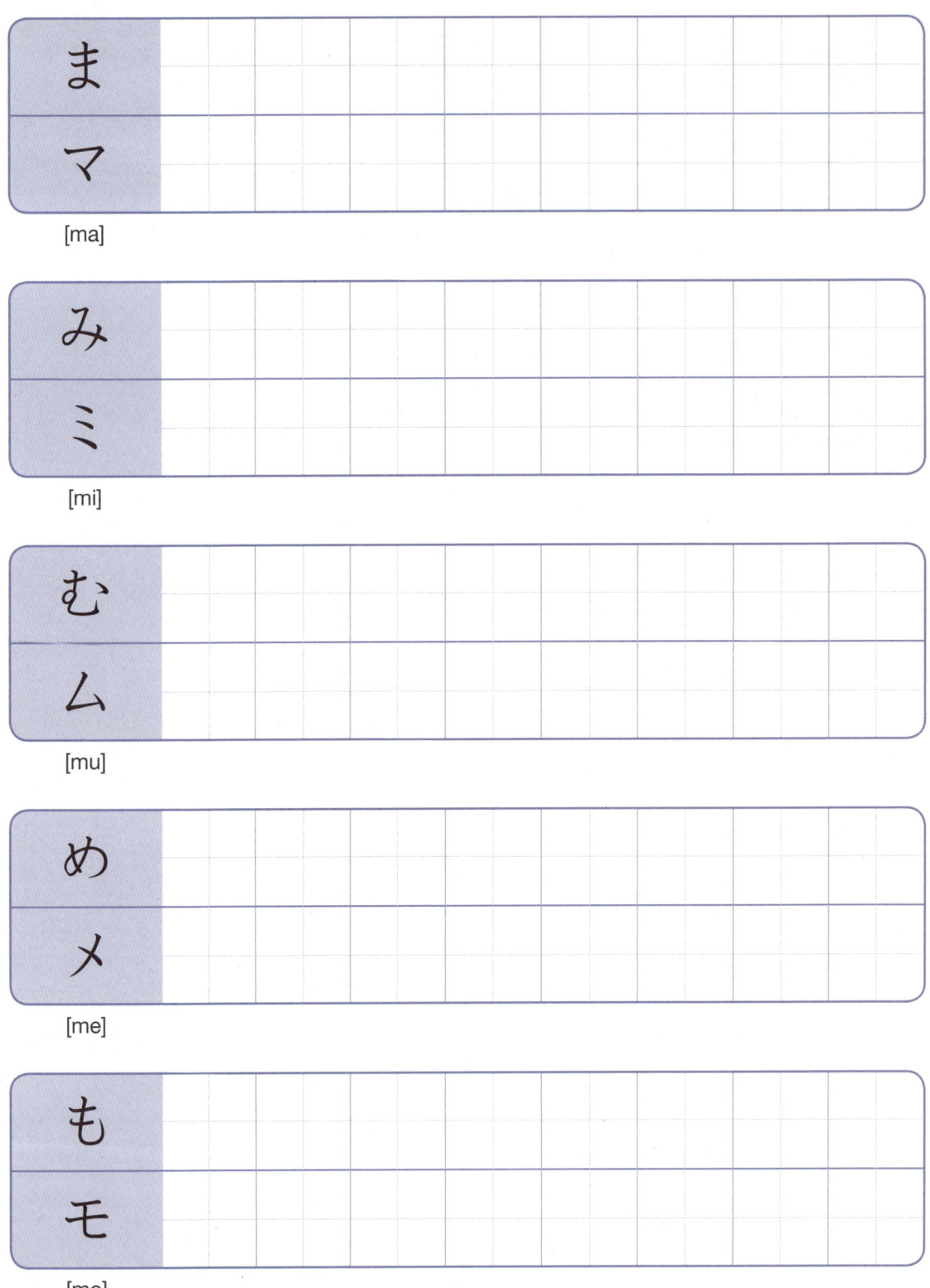

ま
マ

[ma]

み
ミ

[mi]

む
ム

[mu]

め
メ

[me]

も
モ

[mo]

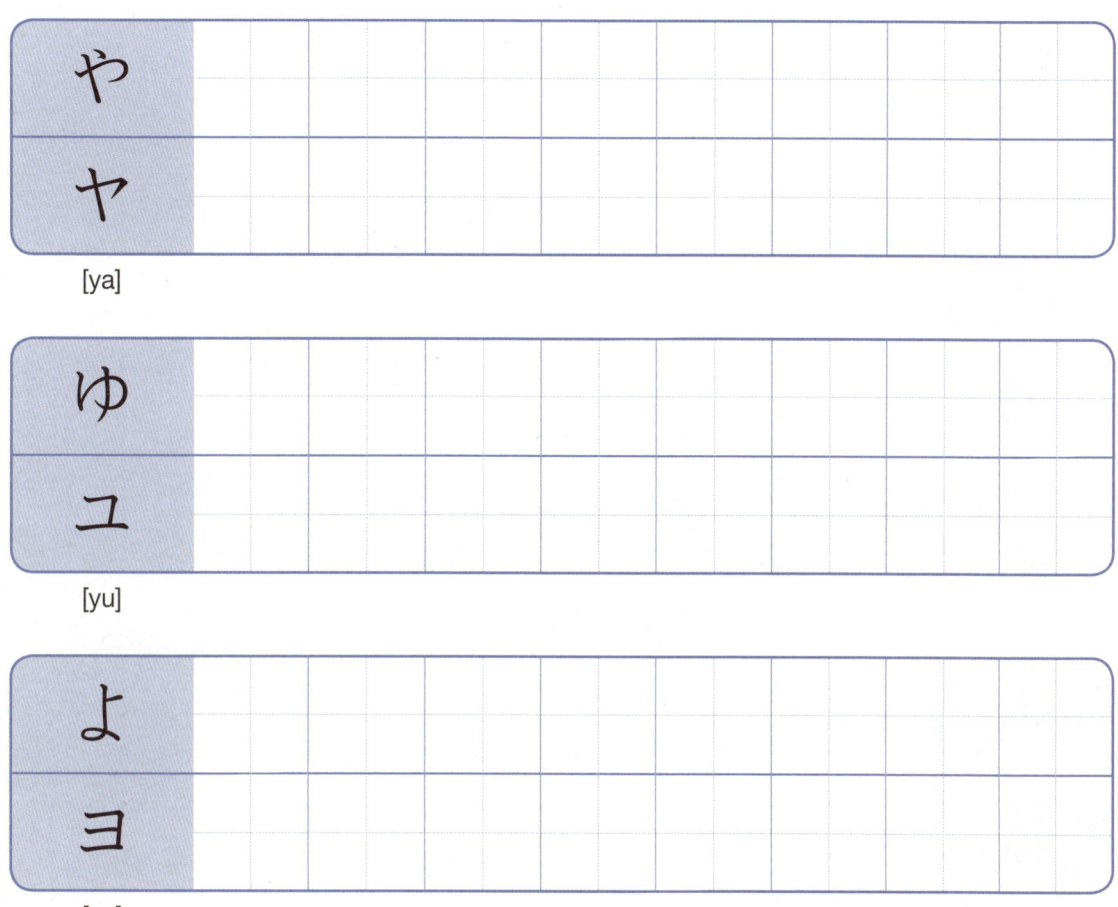

や
ヤ
[ya]

ゆ
ユ
[yu]

よ
ヨ
[yo]

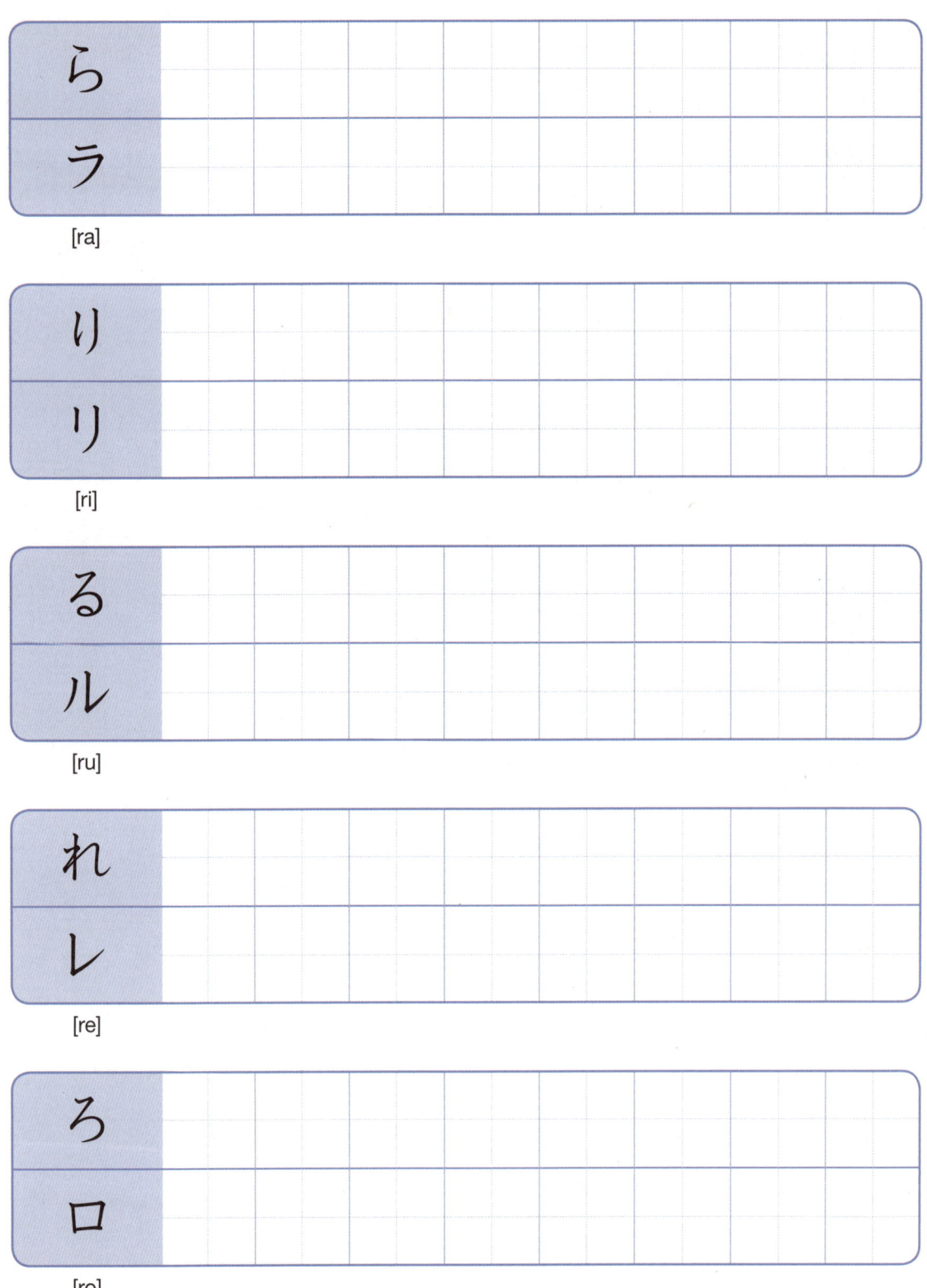

ら
ラ
[ra]

り
リ
[ri]

る
ル
[ru]

れ
レ
[re]

ろ
ロ
[ro]

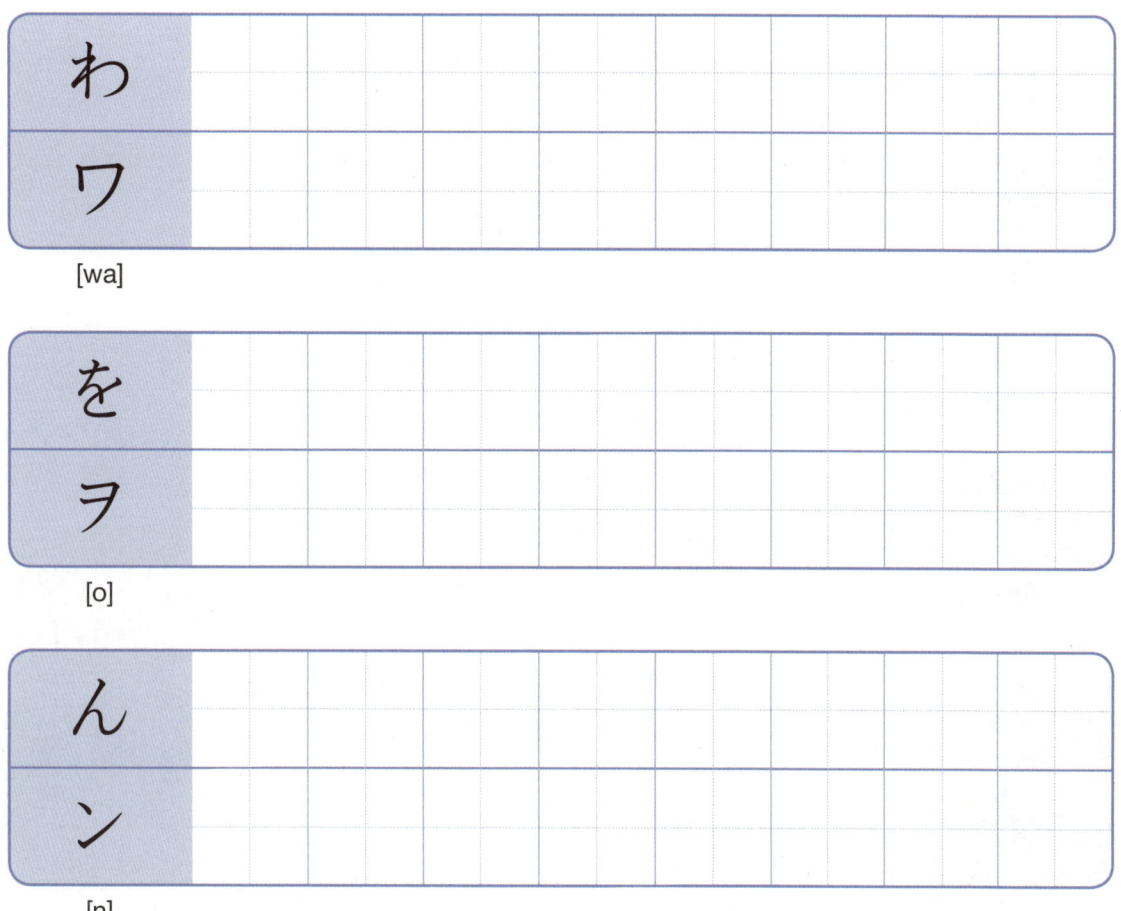

わ
ワ
[wa]

を
ヲ
[o]

ん
ン
[n]

| が | | | | | | | | | | |
| ガ | | | | | | | | | | |

[ga]

| ぎ | | | | | | | | | | |
| ギ | | | | | | | | | | |

[gi]

| ぐ | | | | | | | | | | |
| グ | | | | | | | | | | |

[gu]

| げ | | | | | | | | | | |
| ゲ | | | | | | | | | | |

[ge]

| ご | | | | | | | | | | |
| ゴ | | | | | | | | | | |

[go]

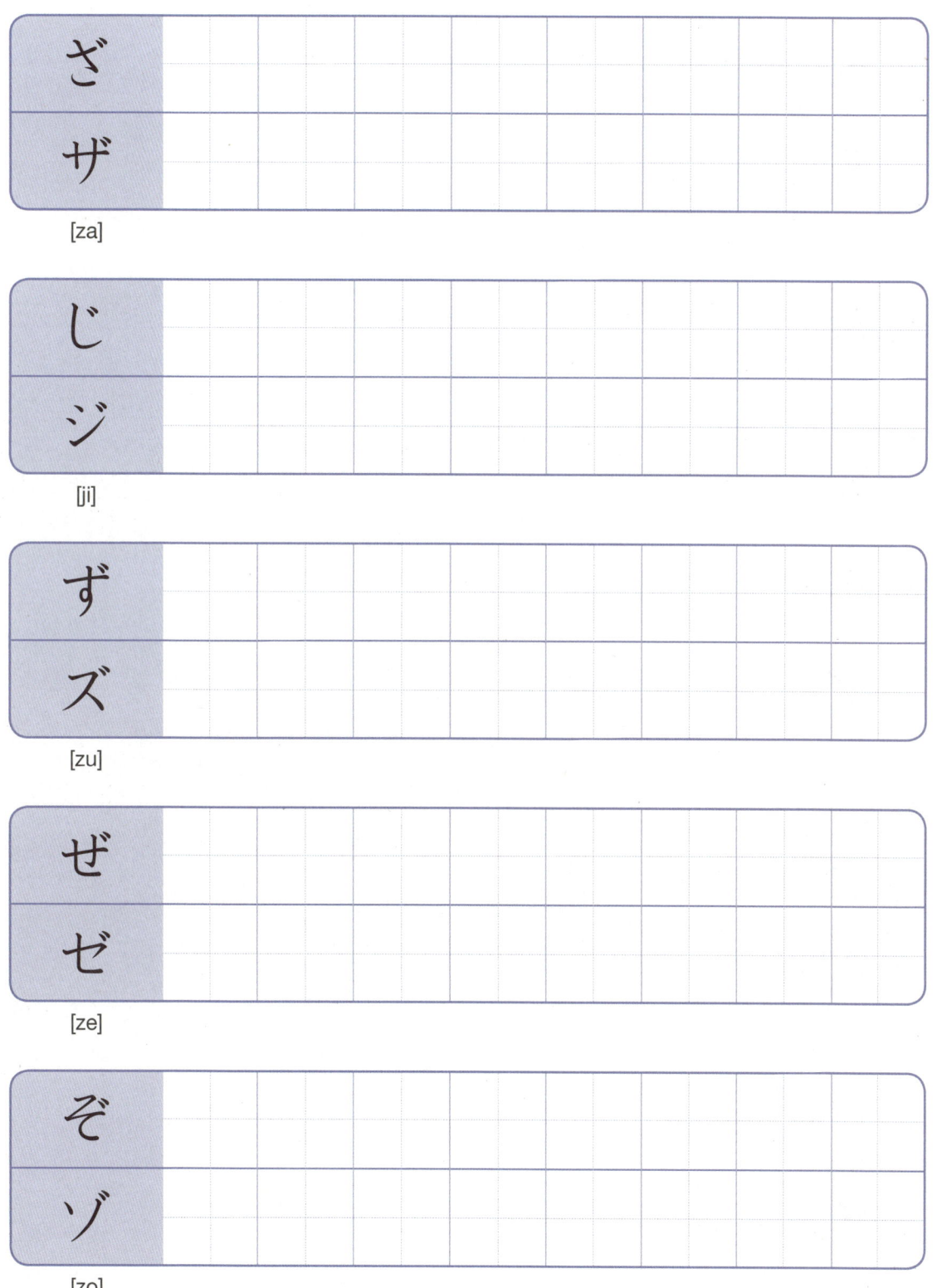

ざ
ザ
[za]

じ
ジ
[ji]

ず
ズ
[zu]

ぜ
ゼ
[ze]

ぞ
ゾ
[zo]

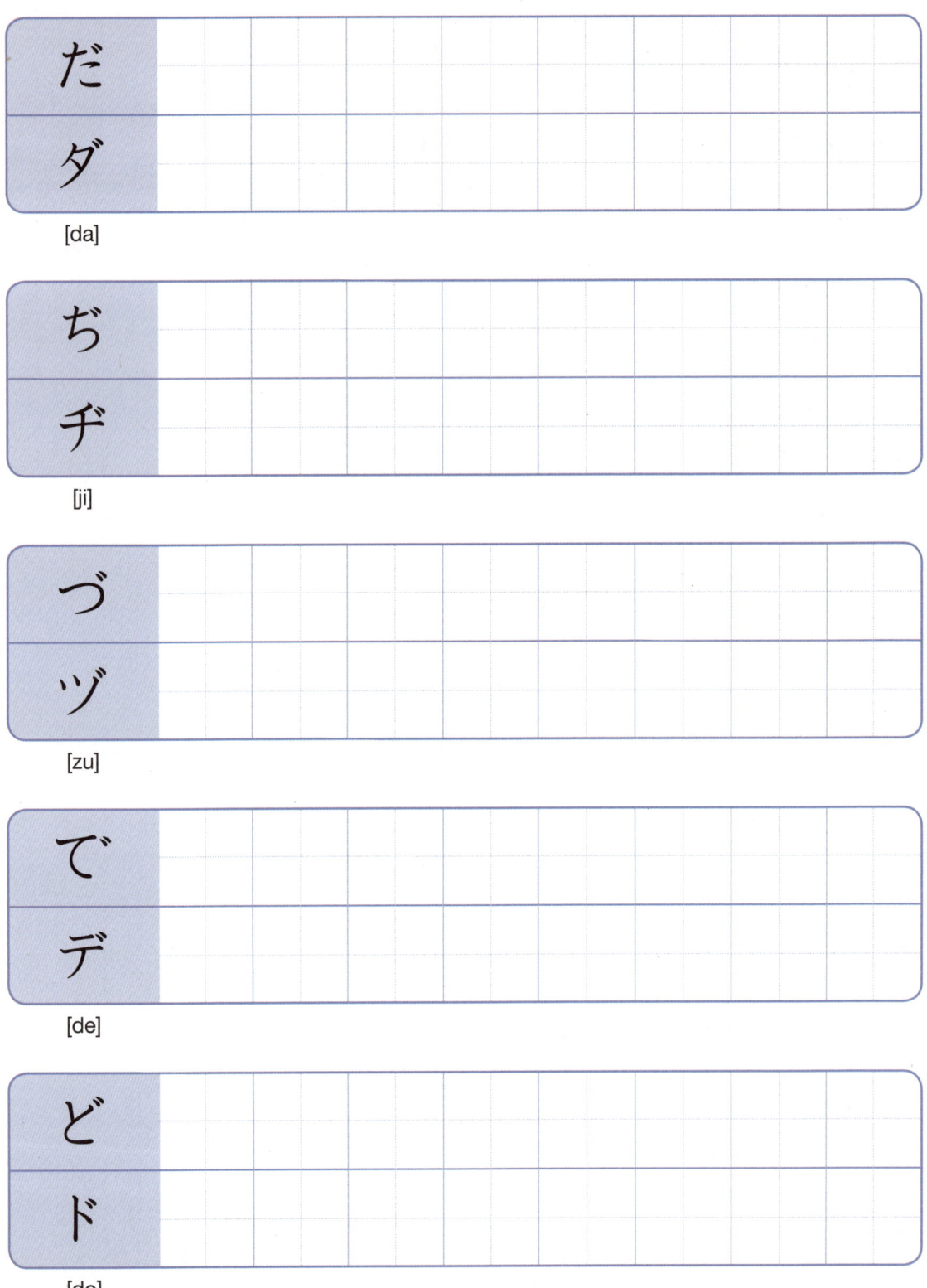

だ
ダ
[da]

ぢ
ヂ
[ji]

づ
ヅ
[zu]

で
デ
[de]

ど
ド
[do]

ば
バ
[ba]

び
ビ
[bi]

ぶ
ブ
[bu]

べ
ベ
[be]

ぼ
ボ
[bo]

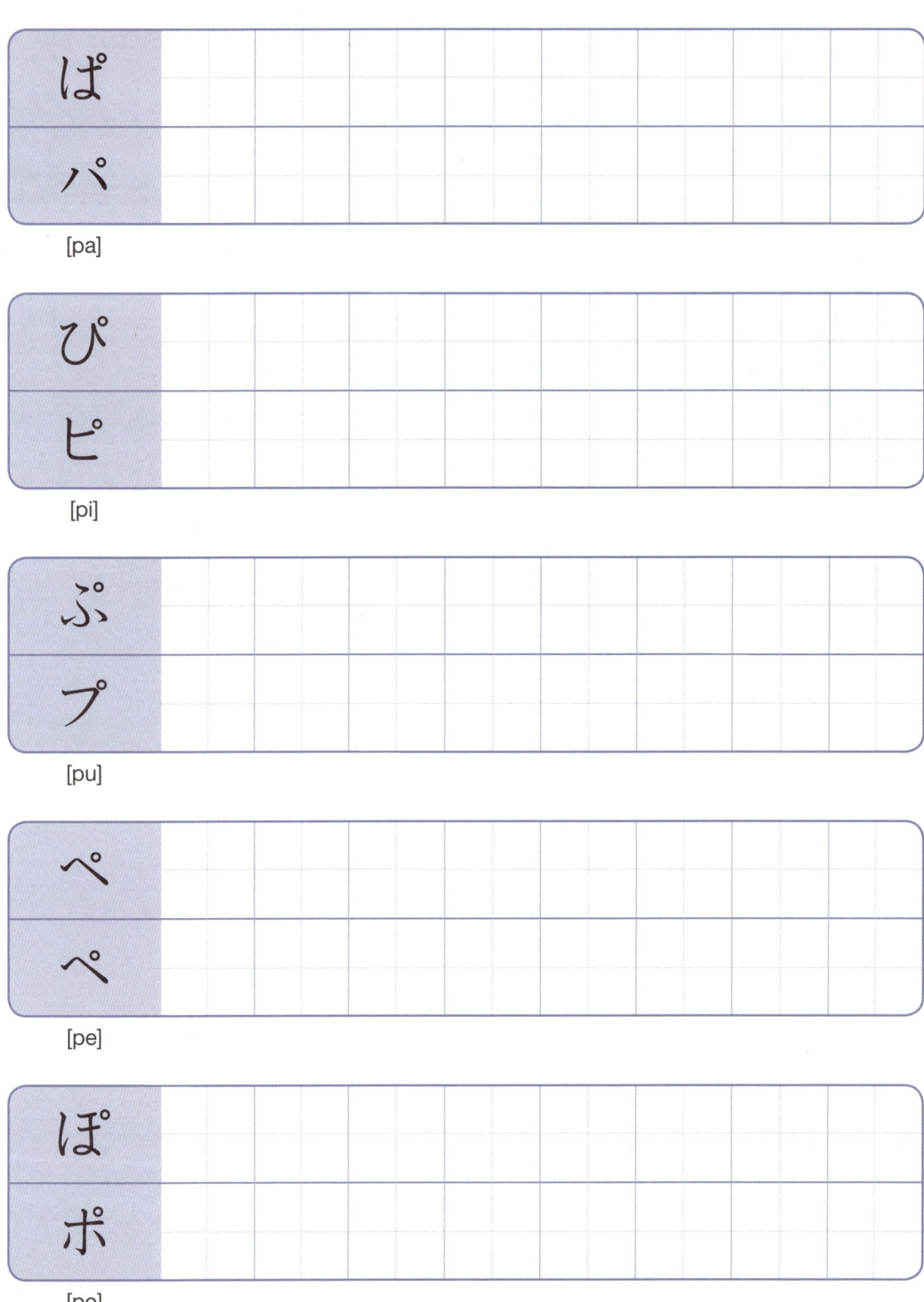

ぱ
パ

[pa]

ぴ
ピ

[pi]

ぷ
プ

[pu]

ぺ
ぺ

[pe]

ぽ
ポ

[po]

| きゃ | | | | | | |
| キャ | | | | | | |

[kya]

| き ゅ | | | | | | |
| キ ュ | | | | | | |

[kyu]

| き ょ | | | | | | |
| キ ョ | | | | | | |

[kyo]

| ぎゃ | | | | | | |
| ギャ | | | | | | |

[gya]

| ぎ ゅ | | | | | | |
| ギ ュ | | | | | | |

[gyu]

| ぎ ょ | | | | | | |
| ギ ョ | | | | | | |

[gyo]

| しゃ | | | | | | |
| シャ | | | | | | |

[sha]

| しゅ | | | | | | |
| シュ | | | | | | |

[shu]

| しょ | | | | | | |
| ショ | | | | | | |

[sho]

| じゃ | | | | | | |
| ジャ | | | | | | |

[ja]

| じゅ | | | | | | |
| ジュ | | | | | | |

[ju]

| じょ | | | | | | |
| ジョ | | | | | | |

[jo]

| ちゃ | | | | | |
| チャ | | | | | |

[cha]

| ちゅ | | | | | |
| チュ | | | | | |

[chu]

| ちょ | | | | | |
| チョ | | | | | |

[cho]

| にゃ | | | | | |
| ニャ | | | | | |

[nya]

| にゅ | | | | | |
| ニュ | | | | | |

[nyu]

| にょ | | | | | |
| ニョ | | | | | |

[nyo]

| ひゃ | | | | | | |
|---|---|---|---|---|---|---|
| ヒャ | | | | | | |

[hya]

| ひゅ | | | | | | |
|---|---|---|---|---|---|---|
| ヒュ | | | | | | |

[hyu]

| ひょ | | | | | | |
|---|---|---|---|---|---|---|
| ヒョ | | | | | | |

[hyo]

| びゃ | | | | | | |
|---|---|---|---|---|---|---|
| ビャ | | | | | | |

[bya]

| びゅ | | | | | | |
|---|---|---|---|---|---|---|
| ビュ | | | | | | |

[byu]

| びょ | | | | | | |
|---|---|---|---|---|---|---|
| ビョ | | | | | | |

[byo]

| ぴゃ | | | | | |
| ピャ | | | | | |

[pya]

| ぴゅ | | | | | |
| ピュ | | | | | |

[pyu]

| ぴょ | | | | | |
| ピョ | | | | | |

[pyo]

| みゃ | | | | | |
| ミャ | | | | | |

[mya]

| みゅ | | | | | |
| ミュ | | | | | |

[myu]

| みょ | | | | | |
| ミョ | | | | | |

[myo]

| りゃ | | | | | |
|---|---|---|---|---|---|
| リャ | | | | | |

[rya]

| りゅ | | | | | |
|---|---|---|---|---|---|
| リュ | | | | | |

[ryu]

| りょ | | | | | |
|---|---|---|---|---|---|
| リョ | | | | | |

[ryo]

# 사진 속
# 히라가나 가타카나 읽기

아래 단어를 사진에서 찾아보고, 원고지에 써 봅시다.

🔊 Track 50

| ガ | ラ | ス |  |  |  |  |  |  |  |  |  |
|---|---|---|---|---|---|---|---|---|---|---|---|
| 유리 | | | | | | | | | | | |
| ガ | チ | ャ | ポ | ン |  |  |  |  |  |  |  |
| 뽑기 | | | | | | | | | | | |
| い | る |  |  |  |  |  |  |  |  |  |  |
| 있다 | | | | | | | | | | | |
| コ | イ | ン |  |  |  |  |  |  |  |  |  |
| 코인 | | | | | | | | | | | |

| フ | ル | ー | ツ | | | | | | | | | | |
|---|---|---|---|---|---|---|---|---|---|---|---|---|---|
과일

| び | っ | く | り | | | | | | | | | | |
|---|---|---|---|---|---|---|---|---|---|---|---|---|---|
깜짝 놀람

| お | い | し | い | | | | | | | | | | |
|---|---|---|---|---|---|---|---|---|---|---|---|---|---|
맛있다

| つ | め | た | い | | | | | | | | | | |
|---|---|---|---|---|---|---|---|---|---|---|---|---|---|
차갑다

| ジ | ブ | リ | | | | | | | | | | | | |
|---|---|---|---|---|---|---|---|---|---|---|---|---|---|---|
지브리

| い | っ | ぱ | い | | | | | | | | | | | |
|---|---|---|---|---|---|---|---|---|---|---|---|---|---|---|
가득

| ゆ | び | | | | | | | | | | | | | |
|---|---|---|---|---|---|---|---|---|---|---|---|---|---|---|
손가락

| に | ん | ぎ | ょ | う | | | | | | | | | | |
|---|---|---|---|---|---|---|---|---|---|---|---|---|---|---|
인형

# 문장 쓰기

Track 53

## 1. 만남의 인사

| お | は | よ | う | | | | | | |
|---|---|---|---|---|---|---|---|---|---|
| | | | | | | | | | |

안녕 (아침 인사)

| お | は | よ | う | ご | ざ | い | ま | す |
|---|---|---|---|---|---|---|---|---|
| | | | | | | | | |

안녕하세요 (아침 인사)

| こ | ん | に | ち | は | | | | | | | |
|---|---|---|---|---|---|---|---|---|---|---|---|
| | | | | | | | | | | | |

안녕, 안녕하세요 (낮 인사)

| こ | ん | ば | ん | は | | | | | | | |
|---|---|---|---|---|---|---|---|---|---|---|---|
| | | | | | | | | | | | |

안녕, 안녕하세요 (저녁 인사)

| お | げ | ん | き | で | す | か | | | | |
|---|---|---|---|---|---|---|---|---|---|---|
| | | | | | | | | | | |

잘 지내세요?

| お | ひ | さ | し | ぶ | り | で | す |
|---|---|---|---|---|---|---|---|
| | | | | | | | |

오랜만이에요

| は | じ | め | ま | し | て | | | | | |
|---|---|---|---|---|---|---|---|---|---|---|
| | | | | | | | | | | |

처음 뵙겠습니다

| ど | う | ぞ | よ | ろ | し | く | | | | | |
|---|---|---|---|---|---|---|---|---|---|---|---|
| | | | | | | | | | | | |

부디 잘 부탁해(요)

| ど | う | ぞ | よ | ろ | し | く | お | ね | が | い | し | ま | す |
|---|---|---|---|---|---|---|---|---|---|---|---|---|---|
| | | | | | | | | | | | | | |

부디 잘 부탁드립니다

| こ | ち | ら | こ | そ | よ | ろ | し | く |
|---|---|---|---|---|---|---|---|---|
| | | | | | | | | |

저야말로 잘 부탁해(요)

## 2. 헤어짐의 인사

| さ | よ | う | な | ら | | | | | | | | |
|---|---|---|---|---|---|---|---|---|---|---|---|---|
| | | | | | | | | | | | | |

안녕히 가세요(계세요)

| バ | イ | バ | イ | | | | | |
|---|---|---|---|---|---|---|---|---|
| | | | | | | | | |

바이바이, 안녕

| じ | ゃ | 、 | ま | た | | | | | | | |
|---|---|---|---|---|---|---|---|---|---|---|---|
| | | | | | | | | | | | |

그럼 또 봐

| ま | た | 、 | あ | し | た | | | | |
|---|---|---|---|---|---|---|---|---|---|
| | | | | | | | | | |

내일 또 봐

| お | や | す | み | | | | | |
|---|---|---|---|---|---|---|---|---|
| | | | | | | | | |

잘자

## 3. 연말·새해 인사

| よ | い | お | と | し | を |  |  |  |  |  |
|---|---|---|---|---|---|---|---|---|---|---|
|  |  |  |  |  |  |  |  |  |  |  |

새해 잘 맞이하세요

| あ | け | ま | し | て | お | め | で | と | う |
|---|---|---|---|---|---|---|---|---|---|
|  |  |  |  |  |  |  |  |  |  |

새해 복 많이 받아(요)

| あ | け | ま | し | て | お | め | で | と | う | ご | ざ | い | ま | す |
|---|---|---|---|---|---|---|---|---|---|---|---|---|---|---|
|  |  |  |  |  |  |  |  |  |  |  |  |  |  |  |

새해 복 많이 받으세요

| こ | と | し | も | よ | ろ | し | く |
|---|---|---|---|---|---|---|---|
|  |  |  |  |  |  |  |  |

올해도 잘 부탁해

| ハ | ッ | ピ | ー | ニ | ュ | ー | イ | ヤ | ー |
|---|---|---|---|---|---|---|---|---|---|
|  |  |  |  |  |  |  |  |  |  |

해피 뉴 이어 (Happy new year)

| い | っ | て | き | ま | す | | | | | |
|---|---|---|---|---|---|---|---|---|---|---|
| | | | | | | | | | | |

다녀오겠습니다

| い | っ | て | ら | っ | し | ゃ | い |
|---|---|---|---|---|---|---|---|
| | | | | | | | |

다녀오세요

| た | だ | い | ま | | | | | | | |
|---|---|---|---|---|---|---|---|---|---|---|
| | | | | | | | | | | |

다녀왔습니다

| お | か | え | り | | | | | | | |
|---|---|---|---|---|---|---|---|---|---|---|
| | | | | | | | | | | |

어서 와

| お | か | え | り | な | さ | い | | | | | |
|---|---|---|---|---|---|---|---|---|---|---|---|
| | | | | | | | | | | | |

어서 오세요

## 5. 방문 표현

| ご | め | ん | く | だ | さ | い | | | | | |
|---|---|---|---|---|---|---|---|---|---|---|---|
| | | | | | | | | | | | |

실례합니다

| い | ら | っ | し | ゃ | い | | | | |
|---|---|---|---|---|---|---|---|---|---|
| | | | | | | | | | |

어서 오세요

| お | じ | ゃ | ま | し | ま | す | | | | | |
|---|---|---|---|---|---|---|---|---|---|---|---|
| | | | | | | | | | | | |

실례합니다

| お | じ | ゃ | ま | し | ま | し | た |
|---|---|---|---|---|---|---|---|
| | | | | | | | |

실례했습니다

| ま | た | き | て | く | だ | さ | い |
|---|---|---|---|---|---|---|---|
| | | | | | | | |

또 오세요

| い | た | だ | き | ま | す | | | | |
|---|---|---|---|---|---|---|---|---|---|
| | | | | | | | | | |

잘 먹겠습니다

| ご | ち | そ | う | さ | ま | | | | |
|---|---|---|---|---|---|---|---|---|---|
| | | | | | | | | | |

잘 먹었어(요)

| ご | ち | そ | う | さ | ま | で | し | た |
|---|---|---|---|---|---|---|---|---|
| | | | | | | | | |

잘 먹었습니다

| お | か | わ | り | 、 | ど | う | で | す | か |
|---|---|---|---|---|---|---|---|---|---|
| | | | | | | | | | |

한 그릇 더, 어때요?

| お | な | か | い | っ | ぱ | い | で | す |
|---|---|---|---|---|---|---|---|---|
| | | | | | | | | |

배 불러요

| お | め | で | と | う | ご | ざ | い | ま | す |
|---|---|---|---|---|---|---|---|---|---|
|   |   |   |   |   |   |   |   |   |   |

축하해요

| ご | う | か | く | 、 | お | め | で | と | う |
|---|---|---|---|---|---|---|---|---|---|
|   |   |   |   |   |   |   |   |   |   |

합격, 축하해(요)

| に | ゅ | う | が | く | 、 | お | め | で | と | う |
|---|---|---|---|---|---|---|---|---|---|---|
|   |   |   |   |   |   |   |   |   |   |   |

입학, 축하해(요)

| そ | つ | ぎ | ょ | う | 、 | お | め | で | と | う |
|---|---|---|---|---|---|---|---|---|---|---|
|   |   |   |   |   |   |   |   |   |   |   |

졸업, 축하해(요)

| た | ん | じ | ょ | う | び | 、 | お | め | で | と | う |
|---|---|---|---|---|---|---|---|---|---|---|---|
|   |   |   |   |   |   |   |   |   |   |   |   |

생일, 축하해(요)

| あ | り | が | と | う |  |  |  |  |  |  |  |  |
|---|---|---|---|---|---|---|---|---|---|---|---|---|
|   |   |   |   |   |  |  |  |  |  |  |  |  |

고마워(요)

| あ | り | が | と | う | ご | ざ | い | ま | す |
|---|---|---|---|---|---|---|---|---|---|
|   |   |   |   |   |   |   |   |   |   |

감사합니다

| お | か | げ | さ | ま | で |  |  |  |  |
|---|---|---|---|---|---|---|---|---|---|
|   |   |   |   |   |   |  |  |  |  |

덕분에(요)

| た | す | か | り | ま | し | た |  |  |  |  |
|---|---|---|---|---|---|---|---|---|---|---|
|   |   |   |   |   |   |   |  |  |  |  |

도움 감사합니다

| サ | ン | キ | ュ | ー |  |  |  |  |  |  |
|---|---|---|---|---|---|---|---|---|---|---|
|   |   |   |   |   |  |  |  |  |  |  |

생큐, 고마워 (Thank you)

ご め ん

미안해

ご め ん な さ い

미안해요

す み ま せ ん

죄송해요

す み ま せ ん で し た

죄송했어요

も う し わ け あ り ま せ ん

죄송합니다

## 10. 감정·상태 표현

| お | い | し | い | で | す | | | | | |
|---|---|---|---|---|---|---|---|---|---|---|
| | | | | | | | | | | |

맛있어요

| た | の | し | い | で | す | | | | | |
|---|---|---|---|---|---|---|---|---|---|---|
| | | | | | | | | | | |

즐거워요

| う | れ | し | い | で | す | | | | | |
|---|---|---|---|---|---|---|---|---|---|---|
| | | | | | | | | | | |

기뻐요

| す | ば | ら | し | い | で | す | | | | | |
|---|---|---|---|---|---|---|---|---|---|---|---|---|
| | | | | | | | | | | | |

훌륭해요

| か | わ | い | い | で | す | | | | | |
|---|---|---|---|---|---|---|---|---|---|---|---|
| | | | | | | | | | | |

귀여워요

| す | き | で | す | | | | | | | |
|---|---|---|---|---|---|---|---|---|---|---|

좋아해요

| き | ら | い | で | す | | | | | | | |
|---|---|---|---|---|---|---|---|---|---|---|---|

싫어해요

| じ | ょ | う | ず | で | す | | | | | |
|---|---|---|---|---|---|---|---|---|---|---|

잘해요

| き | れ | い | で | す | | | | | | | |
|---|---|---|---|---|---|---|---|---|---|---|---|

예뻐요, 깨끗해요

| す | て | き | で | す | | | | | | | |
|---|---|---|---|---|---|---|---|---|---|---|---|

멋있어요, 근사해요

| が | ん | ば | れ | | | | | | |
|---|---|---|---|---|---|---|---|---|---|
| | | | | | | | | | |

힘내!

| が | ん | ば | っ | て | | | | | | |
|---|---|---|---|---|---|---|---|---|---|---|
| | | | | | | | | | | |

힘내!

| が | ん | ば | っ | て | く | だ | さ | い |
|---|---|---|---|---|---|---|---|---|
| | | | | | | | | |

힘내세요

| フ | ァ | イ | ト | | | | | | |
|---|---|---|---|---|---|---|---|---|---|
| | | | | | | | | | |

파이팅

| お | だ | い | じ | に | | | | | | |
|---|---|---|---|---|---|---|---|---|---|---|
| | | | | | | | | | | |

몸조리 잘해(요)

| そ | う | だ | ね | | | | | | | | |
|---|---|---|---|---|---|---|---|---|---|---|---|
| | | | | | | | | | | | |

그러네

| そ | う | で | す | ね | | | | | | | |
|---|---|---|---|---|---|---|---|---|---|---|---|
| | | | | | | | | | | | |

그러네요

| い | い | で | す | ね | | | | | | | |
|---|---|---|---|---|---|---|---|---|---|---|---|
| | | | | | | | | | | | |

좋네요, 괜찮네요

| そ | う | で | す | か | | | | | | | |
|---|---|---|---|---|---|---|---|---|---|---|---|
| | | | | | | | | | | | |

그래요?

| ほ | ん | と | う | で | す | か | | | | | |
|---|---|---|---|---|---|---|---|---|---|---|---|
| | | | | | | | | | | | |

정말요?

잠깐 체크! p.31

の

### 히라가나 확인문제 1 p.34-35

1 ❶ い, え, お
　❷ ち, て
　❸ そ, て, ひ, へ, る

2 ❶ き(나무), かき(감), くうき(공기)
　❷ おう(왕), さとう(설탕), こうこう(고등학교)

3 ❶ さかな(물고기)
　❷ くるま(자동차)
　❸ むし(벌레)

4 ❶ は　❷ ま　❸ よ
　❹ た　❺ ち　❻ な

### 히라가나 확인문제 2 p.50-52

1 じ, ぢ　　ず, づ　　お, を

2 りす(다람쥐) ⇨ すいか(수박) ⇨ かさ(우산)
　⇨ さとう(설탕) ⇨ うえ(위) ⇨ えんぴつ(연필) ⇨ つき(달) ⇨ きいろ(노랑)

3

| ん | ぎ | ぐ | げ | あ | ご | ざ | じ | ず |
|---|---|---|---|---|---|---|---|---|
| ぜ | ぞ | だ | い | う | え | ぢ | づ | で |
| ど | ば | お | か | き | く | け | び | ぶ |
| べ | こ | さ | し | す | せ | そ | た | ぼ |
| ち | つ | て | と | な | に | ぬ | ね | の |
| は | ぱ | ひ | ぴ | ふ | ぷ | へ | ぺ | ほ |
| ぽ | が | ぎ | ぐ | ま | げ | ご | ざ | じ |
| ず | ぜ | ぞ | だ | み | ぢ | づ | で | ど |
| ば | び | も | ぶ | む | べ | ぼ | ぱ | び |
| ぷ | ぺ | ぽ | め | が | ぎ | ぐ | げ | ん |

| か | さ | (우산) |
|---|---|---|

4

| あ | い | う | え | お |
|---|---|---|---|---|
| か | き | く | け | こ |
| さ | し | す | せ | そ |
| た | ち | つ | て | と |
| な | に | ぬ | ね | の |
| は | ひ | ふ | へ | ほ |
| ま | み | む | め | も |
| や |  | ゆ |  | よ |
| ら | り | る | れ | ろ |
| わ |  | を |  | ん |

## 가타카나 확인문제 1  p.78-79

**1** ① シ, ソ
② ニ, ヌ
③ ノ, フ, ヘ, レ

**2** ① ビル(건물), ホテル(호텔), エンゼル(천사)
② パン(빵), レモン(레몬), イヤホン(이어폰)

**3** ① さくら, サクラ(벚꽃)
② すいか, スイカ(수박)
③ もも, モモ(복숭아)
④ ねこ, ネコ(고양이)

**4** ① コ  ② ヨ  ③ ロ
④ ラ  ⑤ ワ  ⑥ ヲ

## 가타카나 확인문제 2  p.92-94

**1** ジ, ヂ  ズ, ヅ  オ, ヲ

**2** チヂミ(부침개) ⇨ ミルク(우유) ⇨ クリスマス(크리스마스) ⇨ スカート(치마) ⇨ トースト(토스트) ⇨ トイレ(화장실) ⇨ レタス(양상추)

**3**

| ガ | ア | イ | ギ | グ | ゲ | ウ | エ | ゴ |
|---|---|---|---|---|---|---|---|---|
| オ | カ | キ | ク | ン | ケ | コ | サ | シ |
| ス | セ | ソ | タ | チ | ツ | テ | ト | ナ |
| ニ | ヌ | ネ | ノ | ハ | ヒ | フ | ヘ | ホ |
| ザ | マ | ミ | ム | メ | モ | ヤ | ユ | ジ |
| ズ | ヨ | ラ | リ | ル | レ | ロ | ワ | ゼ |
| ソ | ダ | ヲ | ア | イ | ウ | エ | ヂ | ツ |
| デ | ド | バ | オ | カ | キ | ビ | ブ | ベ |
| ボ | パ | ピ | プ | ク | ペ | ポ | ガ | ン |

ハ ー ト  (하트)

**4**

| ア | イ | ウ | エ | オ |
|---|---|---|---|---|
| カ | キ | ク | ケ | コ |
| サ | シ | ス | セ | ソ |
| タ | チ | ツ | テ | ト |
| ナ | ニ | ヌ | ネ | ノ |
| ハ | ヒ | フ | ヘ | ホ |
| マ | ミ | ム | メ | モ |
| ヤ | | ユ | | ヨ |
| ラ | リ | ル | レ | ロ |
| ワ | | ヲ | | ン |

# 히라가나 가타카나
# 쓰기노트

**지은이** 다락원 편집부
**펴낸이** 정규도
**펴낸곳** (주)다락원

**초판 1쇄 발행** 2017년 2월 10일
**초판 5쇄 발행** 2022년 10월 28일

**책임편집** 송화록, 임지인
**디자인** 박보희, 이승현
**일러스트** 이지희

**다락원** 경기도 파주시 문발로 211
내용문의: (02)736-2031 내선 460~465
구입문의: (02)736-2031 내선 250~252
Fax: (02)732-2037
출판등록 1977년 9월 16일 제406-2008-000007호

**값 7,000원**

ISBN 978-89-277-1150-6 43730

http://www.darakwon.co.kr

- 다락원 홈페이지를 방문하시면 상세한 출판 정보와 함께 동영상강좌, MP3 자료 등
  다양한 어학 정보를 얻으실 수 있습니다.
- 다락원 홈페이지 또는 표지의 QR코드를 스캔하시면 MP3 파일 및 관련자료를 다운
  로드 하실 수 있습니다.

# あ
あ いうえお

# い
あ い うえお

# う
あいう えお

# え
あいう え お

# お
あいうえ お

# か
か きくけこ

# き
か き くけこ

# く
かき く けこ

# け
かきく け こ

# こ
かきくけ こ

# さ
さ しすせそ

# し
さ し すせそ

✂ 오려서 사용하세요.

| | | |
|---|---|---|
| ウ | イ | ア |
| アイ**ウ**エオ | ア**イ**ウエオ | **ア**イウエオ |
| カ | オ | エ |
| **カ**キクケコ | アイウエ**オ** | アイウ**エ**オ |
| ケ | ク | キ |
| カキク**ケ**コ | カキ**ク**ケコ | カ**キ**クケコ |
| シ | サ | コ |
| サ**シ**スセソ | **サ**シスセソ | カキクケ**コ** |

# す
さし**す**せそ

# せ
さしす**せ**そ

# そ
さしすせ**そ**

# た
**た**ちつてと

# ち
た**ち**つてと

# つ
たち**つ**てと

# て
たちつ**て**と

# と
たちつて**と**

# な
**な**にぬねの

# に
**に**にぬねの

# ぬ
なに**ぬ**ねの

# ね
なにぬ**ね**の

# ソ
サシスセ**ソ**

# セ
サシス**セ**ソ

# ス
サシ**ス**セソ

# ツ
タチ**ツ**テト

# チ
タ**チ**ツテト

# タ
**タ**チツテト

# ナ
**ナ**ニヌネノ

# ト
タチツテ**ト**

# テ
タチツ**テ**ト

# ネ
ナニヌ**ネ**ノ

# ヌ
ナニ**ヌ**ネノ

# ニ
ナ**ニ**ヌネノ

# の
なにぬね**の**

# は
**は**ひふへほ

# ひ
は**ひ**ふへほ

# ふ
はひ**ふ**へほ

# へ
はひふ**へ**ほ

# ほ
はひふへ**ほ**

# ま
**ま**みむめも

# み
ま**み**むめも

# む
まみ**む**めも

# め
まみむ**め**も

# も
まみむめ**も**

# や
**や**ゆよ

# ヒ
ハ ヒ フ ヘ ホ

# ハ
ハ ヒ フ ヘ ホ

# ノ
ナ ニ ヌ ネ ノ

# ホ
ハ ヒ フ ヘ ホ

# ヘ
ハ ヒ フ ヘ ホ

# フ
ハ ヒ フ ヘ ホ

# ム
マ ミ ム メ モ

# ミ
マ ミ ム メ モ

# マ
マ ミ ム メ モ

# ヤ
ヤ ユ ヨ

# モ
マ ミ ム メ モ

# メ
マ ミ ム メ モ

ゆ
やゆよ

よ
やゆよ

ら
らりるれろ

り
らりるれろ

る
らりるれろ

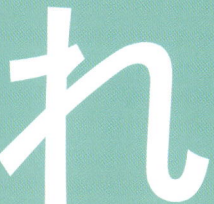

れ
らりるれろ

ろ
らりるれろ

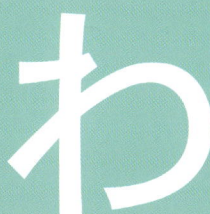

わ
わをん

を
わをん

ん
わをん

히라가나 오십음도

| わ | ら | や | ま | は | な | た | さ | か | あ |
|---|---|---|---|---|---|---|---|---|---|
|  | り | | み | ひ | に | ち | し | き | い |
| を | る | ゆ | む | ふ | ぬ | つ | す | く | う |
|  | れ | | め | へ | ね | て | せ | け | え |
| ん | ろ | よ | も | ほ | の | と | そ | こ | お |

ラ

ラ リ ル レ ロ

ヨ

ヤ ユ  ヨ

ユ

ヤ ユ ヨ

レ

ラ リ ル レ ロ

ル

ラ リ ル レ ロ

リ

ラ リ ル レ ロ

ヲ

ワ ヲ ン

ワ

ワ ヲ ン

ロ

ラ リ ル レ ロ

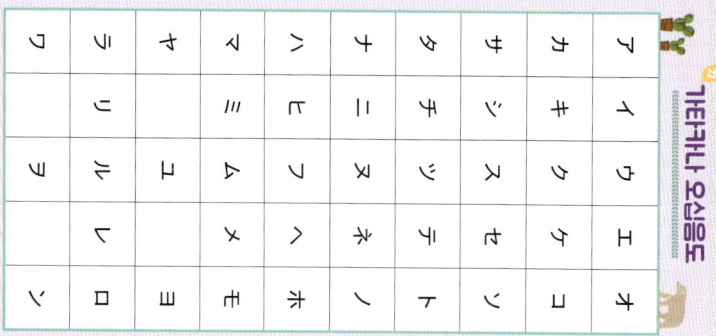

ン

ワ ヲ ン